FRESCOR VEGANO

Sin Gluten, Sin Azúcar, Sin Lactosa. Recetas Fáciles y Económicas

EMMA PRICE

delicious

VEGAN DESSERTS

Cakes, pies, candy, ice cream, cookies, and more!

★ ★

130 RECIPES

Recipes to create a dessert for any occasion -vegan style!

ÍNDICE DE CONTENIDOS

FRESCOR VEGANO

TARTAS, PASTELES Y PASTAS

TARTA DE MANZANA CON ALMENDRAS

RENDIMIENTO: 4 RACIONES

Este elegante postre, que presenta la fragante combinación de almendras y manzanas, se prepara sin esfuerzo si ya tienes un poco de hojaldre congelado. Tendrá un postre elegante listo para impresionar en un abrir y cerrar de ojos. Esta tarta también se conserva bien si se refrigera hasta 1 semana; simplemente se recalienta a 350°F durante 10 minutos y se espolvorea con un toque de azúcar turbinado antes de servir.

½ receta de hojaldre

2 cucharadas de azúcar turbinado

1 manzana Granny Smith grande, pelada y cortada en rodajas finas

1 cucharadita de zumo de limón o lima

½ taza de azúcar moreno, más 2 cucharadas para espolvorear por encima

1 cucharadita de extracto de vainilla

⅛ cucharadita de sal

3 cucharadas de maicena

2 cucharadas de harina de almendra

• Coloque un rectángulo de masa de hojaldre refrigerada entre dos hojas de papel pergamino y extiéndalo con cuidado hasta obtener un rectángulo de aproximadamente 5 × 8 pulgadas. Transfiera la masa a una bandeja para hornear forrada con papel pergamino o un tapete de silicona. Doble los bordes de la corteza para formar un labio, doblando suavemente la parte superior sobre sí misma. Espolvorear uniformemente con las 2 cucharadas de azúcar turbinado.

• En un cuenco mediano, mezcle las manzanas con el zumo de limón y, a continuación, con el resto de los ingredientes, hasta que las manzanas estén bien cubiertas. Colocar las manzanas en el molde de la tarta en una capa uniforme, superponiendo cada rodaja para formar un patrón. Espolvorear con las 2 cucharadas de azúcar moreno.

• Hornear de 35 a 40 minutos, o hasta que las manzanas estén tiernas y la corteza esté dorada. Guardar en un recipiente hermético hasta 2 días.

TARTA DE ARÁNDANOS Y CHOCOLATE BLANCO CON CÍTRICOS

RENDIMIENTO: 10 RACIONES

El chocolate blanco y los arándanos son una combinación muy popular; la adición de naranja en este caso crea un agradable sabor. Puedes hacer tu propio chocolate blanco sin lácteos para esta tarta o buscar tu marca favorita en otro sitio.

CRUST

1¾ tazas de harina de almendra

¼ de taza de azúcar moreno

3 cucharadas de aceite de coco líquido

Una pizca de sal

TOPPING

1½ tazas de arándanos frescos

¼ de taza de azúcar

RELLENO

2 tazas de anacardos crudos, remojados al menos 3 horas y escurridos

¼ de taza de azúcar

½ taza de zumo de naranja

1 cucharadita de ralladura de naranja

150 g de chocolate blanco no lácteo

Para la corteza

- Precalentar el horno a 400°F.

- En un bol pequeño, mezclar la harina de almendras y el azúcar moreno. Incorporar el aceite de coco derretido y la sal hasta que esté completamente mezclado. Utilizar las manos ligeramente engrasadas o el fondo de un vaso y presionar la mezcla en un molde de tarta de 8 pulgadas.

• Hornee la corteza durante 10 minutos en su horno precalentado. Retira del horno y deja que se enfríe por completo.

Para la cobertura

• Combinar los arándanos y el azúcar en una cacerola pequeña y cocinar a fuego medio, removiendo a menudo, hasta que los gránulos de azúcar se hayan disuelto completamente. Aumentar ligeramente la temperatura para reducir hasta que espese, durante unos 5 minutos.

Para el relleno

• En un procesador de alimentos, mezcle los anacardos con el azúcar, el zumo de naranja y la ralladura hasta que quede muy, muy suave, durante unos 5 minutos. Al baño María, derretir el chocolate blanco y mezclarlo con el resto de los ingredientes.

• Rápidamente, extienda el relleno de anacardos en la corteza de la tarta enfriada y cubra con la mezcla de arándanos. Pasar suavemente un cuchillo por la parte superior del relleno para hacer un remolino. Enfríe en la nevera hasta que esté firme. Guárdelo en un recipiente hermético en la nevera hasta 2 días.

TARTALETAS DE CHOCOLATE BLANCO Y MANTEQUILLA DE CACAHUETE

RENDIMIENTO: 12 TARTAS

Los pretzels salados combinan maravillosamente con el dulzor combinado del chocolate blanco y la mantequilla de cacahuete y se presentan en un bonito envase de tartaleta.

1½ tazas de galletas saladas sin gluten trituradas

6 cucharadas de margarina no láctea ablandada

2 cucharadas de azúcar

1 taza de chispas de chocolate blanco no lácteo

½ taza de mantequilla de cacahuete suave

¼ de taza de leche de coco en lata

1 taza de leche no láctea

• Precaliente el horno a 350°F. Reúna unos doce moldes de tarta de 2 pulgadas y rocíe ligeramente con aceite de cocina antiadherente.

• Combine los pretzels triturados, la margarina y el azúcar hasta que estén muy bien mezclados. Asegúrese de que no haya grumos de margarina. Al presionarla, la mezcla debe mantener su forma. Es posible que tenga que añadir un poco más de margarina si se siente demasiado desmenuzada... pero sólo una cucharada más o menos.

• Presione suavemente las migas en los moldes de la tarta, haciendo una corteza uniforme de aproximadamente ¼ de pulgada de espesor. Manejar con cuidado.

• Hornear durante unos 12 minutos, o hasta que se doren. Retirar las tartas del horno y dejarlas enfriar en rejillas.

• Una vez que las cortezas estén frías, comience a preparar el relleno.

• Colocar las chispas de chocolate blanco en un bol mediano. En una cacerola pequeña, combinar la mantequilla de maní, la leche de coco y la leche no láctea y cocinar a fuego medio, revolviendo constantemente con un batidor de alambre.

• Una vez que la mezcla comience a burbujear y esté muy caliente, vierta sobre las chispas de chocolate blanco, removiendo rápidamente para que se derritan. Vierta la mezcla en los moldes de las tartas preparadas y déjela enfriar a temperatura ambiente durante una hora aproximadamente antes de trasladarla al frigorífico para que se enfríe por completo. Guárdelo en un recipiente hermético en el frigorífico durante un máximo de 2 días.

ZAPATERO DE MELOCOTÓN

RENDIMIENTO: 8 RACIONES

Este cobbler es una forma perfecta de utilizar un montón de fruta, especialmente cuando tienes un montón de melocotones duros rodando por ahí, lo que suele ocurrirme bastante a menudo durante el verano (¡compro en exceso y no quiero esperar a que maduren todos!). Se puede utilizar cualquier fruta de hueso; ¡prueba esta receta también con ciruelas o albaricoques!

4 melocotones (unas 4½ tazas) pelados y cortados en rodajas

½ taza de azúcar

¼ de cucharadita de pimienta de Jamaica molida

3 cucharadas de maicena

⅓ taza de fécula de patata

⅓ taza de harina de arroz blanco

⅓ taza de harina de besan/garbanzos

1 cucharadita de goma xantana

1 cucharadita de polvo de hornear

3 cucharadas de azúcar

6 cucharadas de margarina no láctea

¼ de taza + 2 cucharadas de leche no láctea

1 cucharadita de zumo de limón

* Precaliente el horno a 375°F y engrase ligeramente una fuente de horno pequeña de gres o cerámica, de unos 5 × 9 pulgadas.

* En un bol mediano, mezcle los melocotones, el azúcar, la pimienta de Jamaica y la maicena. Colóquelos en la fuente de horno engrasada en una capa uniforme.

* En un bol aparte, bata la fécula de patata, la harina de arroz blanco, el besan, la goma xantana, la levadura en polvo y el azúcar. Incorporar la margarina y batir con una batidora de repostería hasta que se formen migajas uniformes. Añada la leche no láctea y el zumo de limón y remueva hasta que esté suave.

* Coloque las galletas a cucharadas sobre los melocotones cortados. Hornee de 35 a 40 minutos, o hasta que la parte superior de las galletas esté dorada y burbujeante. Guárdelo en un recipiente hermético hasta 1 día.

CLAFOUTIS DE CEREZA

RENDIMIENTO: 8 RACIONES

Esta receta es un uso tan perfecto para las cerezas frescas, ya que este postre realmente acentúa el color y el sabor de la fruta fresca de corta duración. ¿No hay cerezas de temporada? Buenas noticias: ¡las cerezas congeladas también sirven! Gracias a Lydia, que hizo la prueba para este libro de cocina, por el consejo.

½ bloque de tofu extrafuerte, escurrido pero sin prensar (unos 215 g)

1½ tazas de harina de besan/garbanzos

1½ tazas de leche no láctea

1 cucharadita de polvo de hornear

2 cucharadas de harina de tapioca

¾ de taza de azúcar

¾ de cucharadita de sal marina

1 cucharadita de extracto de vainilla

2 tazas de cerezas sin hueso

¼ de taza de azúcar glas

• Precaliente el horno a 350°F y engrase una sartén de hierro fundido de 8 pulgadas o un molde de cristal para tartas con suficiente margarina para cubrirlo.

• Ponga todos los ingredientes, excepto las cerezas y el azúcar glas, en una batidora y bátalos hasta que la mezcla sea uniforme y muy suave, raspando los lados cuando sea necesario. Vierta la masa en el molde preparado y, a continuación, salpique uniformemente las cerezas deshuesadas, colocándolas a una distancia de aproximadamente ½ pulgada por encima de la masa.

• Hornear de 50 a 55 minutos, o hasta que al insertar un cuchillo en el centro éste salga limpio. Dejar enfriar completamente y espolvorear con azúcar glas antes de servir. Guardar en un recipiente hermético hasta 2 días en la nevera.

MANZANA CRUJIENTE

RENDIMIENTO: 6 RACIONES

Este sencillo y rústico postre es tan fácil de preparar como delicioso. Sírvelo a la moda para que sea una delicia. Mi tipo favorito de manzana para usar en esto es la Granny Smith, pero cualquier variedad crujiente servirá.

5 manzanas, peladas y cortadas en rodajas de ½ a ¼ de pulgada de grosor

¾ de taza de azúcar moreno

½ taza de harina de arroz integral

¼ de taza de fécula de patata

1 cucharadita de canela

¾ de taza de avena certificada sin gluten

⅓ taza de margarina no láctea

• Precaliente el horno a 375°F. Engrase ligeramente una fuente de cerámica para hornear o un molde para tartas, de unas 8 × 8 pulgadas. Coloque las manzanas en rodajas de manera uniforme para cubrir el fondo de la fuente de horno.

• En un bol mediano, bata el azúcar moreno, la harina de arroz integral, la fécula de patata, la canela y la avena. Incorporar la margarina con la batidora hasta que se desmenuce. Espolvorear generosamente sobre las manzanas.

• Hornear de 35 a 40 minutos, hasta que esté dorado y burbujeante. Almacenar en un recipiente hermético en el refrigerador hasta por 2 días.

MILLE-FEUILLE

RENDIMIENTO: 8 RACIONES

Elegante y con clase, este postre francés hará que sus invitados se queden boquiabiertos. Aunque parece complicado, en realidad es muy fácil una vez que se ha preparado el hojaldre. Sólo hay que montarlo y servirlo.

½ receta de hojaldre

½ receta de Mascarpone

1 taza de azúcar glas

½ taza de conservas de fresa

¼ de taza de nibs de cacao

½ taza de chocolate fundido

Fresas para decorar

• Precaliente el horno a 400°F. Forrar una bandeja para hornear grande con papel pergamino o un tapete de silicona. Extienda la masa de hojaldre en un rectángulo de aproximadamente ¼ de pulgada de grosor. Enfríelo brevemente en el congelador, durante unos 10 minutos, y luego córtelo con cuidado en rectángulos de tamaño uniforme, de unos 2,5 × 4 pulgadas. Con una espátula metálica plana, transfiera con cuidado el hojaldre a la bandeja de horno preparada, con una separación de aproximadamente ½ pulgada. Hornee de 15 a 20 minutos, hasta que se hinche y se dore. Deje que se enfríe completamente y luego monte el postre.

- Mezclar el Mascarpone con el azúcar glas y ponerlo en una manga pastelera equipada con una punta de estrella. Unte la parte superior de cada rectángulo de pastelería con la confitura de fresa y, a continuación, coloque círculos de la mezcla de Mascarpone hasta cubrir la parte superior del rectángulo. Espolvorear con nibs de cacao. Cubra con otro rectángulo de pastelería glaseado con confitura de fresa y, de nuevo, extienda otra capa de mascarpone y espolvoree con nibs de cacao. Cubrir con un último rectángulo de hojaldre glaseado con confitura de fresa y rociar con chocolate derretido. Cubrir con una fresa cortada por la mitad. Enfriar durante 1 hora en el frigorífico y servir frío.

MINI DONUTS DE ARCE

RENDIMIENTO: 24 ROSQUILLAS

Si hay algo que me hace volver a la tienda de donuts de cuando era niño, son estos. Estos donuts básicos tienen un toque de arce, no demasiado empalagoso. El glaseado también va bien con una variedad de otros postres, como el Devil's Food Cake, las Maple Cookies o incluso las Classic Chocolate Chip Cookies.

DONUTS

⅓ taza + 2 cucharadas de harina de sorgo

⅓ taza + 2 cucharadas de fécula de patata

¼ de taza de harina de tapioca

¼ de taza de harina de arroz integral

¾ de cucharadita de goma xantana

½ cucharadita de sal

1 cucharadita de polvo de hornear

3 cucharadas de aceite de oliva

⅓ taza + 1 cucharada de jarabe de arce

½ taza de azúcar moreno

⅓ taza + 2 cucharadas de leche no láctea

1 cucharada de vinagre de sidra de manzana

GLAZE

1¼ tazas de azúcar de repostería

2 cucharadas de leche no láctea

1 cucharadita de jarabe de maíz ligero

1 cucharadita de jarabe de arce

1 cucharadita de extracto de arce

Una pizca de sal

22

- Precaliente el horno a 325°F y coloque la rejilla del horno en el centro del mismo. Engrasa ligeramente un molde para donas de tamaño mini.

- Combinar todos los ingredientes hasta la sal en un bol mediano y batir hasta que estén bien combinados. Añada gradualmente el resto de los ingredientes de los donuts, en el orden indicado, y mezcle bien hasta que no queden grumos. Debe quedar una masa pegajosa.

- Llenar los moldes del molde para donuts con la masa. Hornear durante 25 minutos. Dejar enfriar completamente y luego glasear.

- Para hacer el glaseado, simplemente bata todos los ingredientes hasta que esté suave. Cubra los donuts enfriados completamente con el glaseado y colóquelos en una rejilla para que se endurezcan. Deje que el glaseado se endurezca completamente antes de servir. Guárdelo en un recipiente hermético hasta 4 días.

Me gusta utilizar jarabe de maíz en mis glaseados, ya que realmente recrea la textura de la tienda de donuts; sin embargo, puede sustituir el jarabe de maíz por 1 cucharadita de jarabe de arce, lo que hará que la textura del glaseado tenga una ligera variación.

GOFRES BELGAS
RENDIMIENTO: 7 GOFRES

Por supuesto, no necesitas una gofrera belga para disfrutar de estos, cualquier tipo servirá, ¡pero definitivamente son más grandes! Ponle tus ingredientes favoritos... Yo prefiero la compota de cereza y vainilla o la crema de coco azucarada.

1 taza de harina de sorgo

½ taza de harina de arroz integral superfina

¼ de taza de fécula de patata

¼ de taza de harina de tapioca

1 cucharadita de goma xantana

4 cucharadas de azúcar

4 cucharaditas de levadura en polvo

¾ de cucharadita de sal

2 cucharadas de zumo de limón

5 cucharadas de aceite de oliva

1 cucharadita de extracto de vainilla

½ taza de leche de coco entera en lata

1½ tazas de agua

• En un bol mediano, bata la harina de sorgo, la harina de arroz integral superfina, la fécula de patata, la harina de tapioca, la goma xantana, el azúcar, la levadura en polvo y la sal.

• Formar un pozo en el centro de la mezcla de harina y añadir el zumo de limón, el aceite de oliva, el extracto de vainilla, la leche de coco y el agua.

• Remover suavemente con un tenedor hasta que se combinen todos los ingredientes, y luego utilizar un batidor para que la masa quede completamente lisa.

• Calienta tu gofrera belga y rocía ligeramente con spray antiadherente para cocinar. Vierta aproximadamente 1¼ tazas de masa (dependiendo del tamaño de su gofrera) y cierre. Cocine durante unos 2 minutos, o hasta que el gofre esté dorado y se desprenda fácilmente de la gofrera.

24

FRITTERS DE MANZANA
RENDIMIENTO: 15 BUÑUELOS

Al igual que las tartas de manzana de bolsillo, estos buñuelos crujientes son difíciles de resistir. Me encanta hacerlos cuando compro de más durante la temporada de manzanas, ya que es una receta estupenda para que los amigos y la familia engullan todas esas manzanas de más rápidamente. Necesitarás una freidora para conseguir un crujido perfecto y una cocción rápida y uniforme.

3 manzanas peladas

1 taza de harina de besan/garbanzos, más ½ taza para el dragado

⅔ taza de azúcar

⅔ taza de leche no láctea

½ cucharadita de sal

½ cucharadita de canela Aceite para freír

Azúcar turbinado y de confitería para espolvorear

• Precaliente la freidora a 360°F. Corta las manzanas en círculos de ¼ a ½ pulgada de grosor y utiliza un cortador de galletas circular pequeño o un descorazonador de manzanas para quitar las semillas y formar anillos.

• En un bol mediano, bata el besan, el azúcar, la leche no láctea, la sal y la canela hasta que no haya problemas. Una vez que la freidora esté lista, reboza las rodajas de manzana en el besan extra y luego sumérgelas en la masa para cubrirlas completamente.

• Fría las manzanas de tres a cuatro a la vez durante 5 minutos, dándoles la vuelta a los dos tercios del tiempo de cocción. Páselas a una bandeja para hornear forrada con una toalla de papel o una bolsa de papel (estarán blandas al principio) y luego espolvoree con azúcar turbinado y de confitería. Repita la operación hasta que todas las rebanadas de masa/manzana se hayan frito.

• Dejar enfriar al menos 10 minutos antes de servir. Servir el mismo día, mejor dentro de 1 hora de preparación.

PASTAS TOSTADAS DE FRESA
RENDIMIENTO: 6 PASTELES

Cuando era niño, estaba obsesionado con los pasteles de caja para tostar, pero, a medida que crecía y me volvía más sabio sobre la comida, no me impresionaban sus larguísimas listas de ingredientes. Estos pasteles son igual de sabrosos sin los ingredientes impronunciables. También encontrará una variante con azúcar moreno a continuación.

RELLENO

3 cucharadas de mermelada de fresa

1½ cucharaditas de maicena mezclada con

1½ cucharaditas de agua

Una pizca de sal

1 receta de Flakey Classic Piecrust

1 cucharada de harina de linaza

2½ cucharadas de agua

• En un tazón pequeño, combine los ingredientes para el relleno hasta que esté suave. Precaliente el horno a 350°F.

• Prepare la masa para tartas Flakey Classic según las instrucciones de la receta y enfríela durante unos 15 minutos en el congelador. Extienda la masa entre dos hojas de papel pergamino hasta que tenga un grosor de ¼ de pulgada. Utilice una rueda de pizza o un cuchillo plano grande para cortar la masa en doce rectángulos uniformes, de aproximadamente 3 × 4 pulgadas de ancho; utilice una espátula de metal para ayudar a transferir seis de los rectángulos a una bandeja para galletas cubierta con pergamino o tapete de silicona. Coloque los rectángulos con una separación de unos 2,5 cm.

• Combinar la harina de linaza y el agua y dejar reposar hasta que se espese, durante unos 5 minutos. Pincelar ligeramente la parte superior de los rectángulos en la bandeja de galletas con el gel de linaza. Coloque aproximadamente 1½ cucharadas de relleno en el centro de los seis rectángulos. Utilice una espátula para ayudar a transferir los seis rectángulos restantes para cubrir cada montículo de relleno.

• Con las púas de un tenedor, se doblan los lados de la masa para sellarla. Pincelar ligeramente las partes superiores con gel de linaza adicional y hacer unos siete agujeros en las partes superiores de cada pastel. Hornee de 30 a 35 minutos, o hasta que se doren los bordes. Deje enfriar completamente y tueste en el horno tostador antes de servir. Cubra con Royal Icing o déjelo sin rellenar. Guardar en un recipiente hermético hasta 2 días.

VARIACIÓN DE AZÚCAR MORENO Y CANELA

¼ de taza de azúcar moreno

½ cucharadita de canela

2 cucharadas de harina de arroz integral

Bata los ingredientes y utilícelos en lugar del relleno de fresa de la receta. Cubra con glaseado de vainilla o de arce.

Capítulo 2

FABULOSAS GOLOSINAS CONGELADAS

Relájate con las delicias de las siguientes páginas. Tanto si te apetece un dulce en verano como si necesitas algo de combustible para relajarte durante un maratón de películas en invierno, te alegrarás de tener estas recetas a mano (o en el congelador) cuando se te antoje. Te sorprenderá que las leches no lácteas, como la de almendras, la de anacardos y la de coco, hacen un trabajo extraordinario a la hora de replicar esa textura cremosa y de ensueño que ansiamos del helado de estilo tradicional. A la hora de elegir las leches alternativas para su helado, al igual que el helado tradicional, cuanto mayor sea el contenido de grasa, mejor.

Hacer helado sin máquina

Aunque es posible hacer helados sin una máquina de helados, recomiendo que se consiga una máquina de helados (desde la de manivela hasta la totalmente eléctrica) si se hacen con frecuencia, como hago yo. Es la mejor manera de crear sabores únicos que son difíciles de conseguir en las versiones sin leche/huevo del supermercado o de la gelataria local.

Recomiendo el uso de una máquina sólo por la cantidad de aire que puede incorporarse a la mezcla mientras se congela, lo que resulta en una textura más ligera y aireada, que es difícil de replicar sin una máquina. Sin embargo, es fácil acercarse a ella. Lo más importante es que recomiendo empezar con una base que tenga un alto contenido en grasa, como el helado de vainilla o el de avellana. Esto ayudará a reducir las probabilidades de que se formen cristales de hielo durante la congelación, lo que producirá un producto más suave y cremoso. Además, añadir un toque de alcohol (como vodka o bourbon) a la mezcla, o utilizar una receta que incorpore alcohol antes de la congelación, también ayudará a reducir la cristalización.

Siga las instrucciones para preparar la receta elegida y, a continuación, coloque la mezcla en un bol de acero inoxidable o de cristal y enfríela completamente en el frigorífico, hasta 8 horas. Bata bien para remover y luego vierta la mezcla en una sartén antiadherente (el plástico funciona bien), removiendo con un batidor después de añadirla. Cubra ligeramente con papel de plástico. Deje que la mezcla se enfríe en el congelador durante 30 minutos y vuelva a batir. Puede incorporar más aire utilizando una batidora de mano para mezclar. Deje enfriar otros 30 minutos y vuelva a batir (o mezclar). Repita la operación hasta que el helado esté completamente congelado y cremoso. Pasar a un recipiente flexible y hermético. La mayoría de los helados duran en el congelador unos 3 meses.

HELADOS Y GELATINAS

REFRESCO DE VAINILLA

RENDIMIENTO: 1 PINTADA

Me encantan los sabores y los complementos de todo tipo, pero si tuviera que elegir un sabor de helado favorito, no sería nada del otro mundo, sino simplemente vainilla. Este helado es rico y de ensueño y tiene un ligero sabor a vainilla que perdura.

1 taza de azúcar

1 cucharada de agave

½ cucharadita de goma xantana

2 cucharadas de extracto de vainilla

2 cucharadas de aceite de coco o margarina no láctea

1 taza de leche no láctea (recomendamos la de almendras o anacardos)

1 taza de leche de coco entera en lata

• En un bol grande, bata el azúcar, el agave, la goma xantana, el extracto de vainilla, el aceite de coco y la leche no láctea. Páselo a una batidora y procéselo hasta que quede totalmente homogéneo. Bata la 1 taza de leche de coco y procese en una heladera según las instrucciones del fabricante o procese según las instrucciones de este libro. Una vez licuado, guárdelo en un recipiente hermético y flexible y congélelo al menos 6 horas antes de servirlo. Se conserva hasta 3 meses congelado.

HELADO DE CHOCOLATE ESPRESSO

RENDIMIENTO: 1 CUARTO

Este postre distintivo es como una bebida indulgente en una cafetería, tan oscura y cremosa que le hará pedir un doppio.

⅔ taza de crema agria no láctea o yogur natural

1 taza de azúcar glas

½ taza de cacao en polvo

2 cucharaditas de espresso en polvo

1 lata (13,5 onzas) de leche de coco entera

¼ de cucharadita de sal

• En un recipiente grande, bata todos los ingredientes hasta que estén completamente suaves y no queden grumos. Procesar en una heladora según las instrucciones del fabricante, o procesar según las instrucciones de este libro. Pasar a un recipiente flexible y hermético y congelar al menos 6 horas antes de servir. Se conserva hasta 3 meses congelado.

HELADO DE NUEZ DE MANTEQUILLA

RENDIMIENTO: 1 CUARTO

Cuando pienso en el helado de nuez de mantequilla, pienso en mi padre. No estoy segura de que fuera su sabor favorito, pero siempre teníamos un cartón en el congelador cuando yo crecía, lo que sin duda contribuyó a que fuera uno de *mis* sabores de helado favoritos.

1 taza de nueces

1 taza de azúcar moreno

1 lata (13,5 onzas) de leche de coco entera

1 cucharada de margarina no láctea

¼ de cucharadita de goma xantana

½ cucharadita de sal

1 cucharadita de extracto de vainilla

2 tazas de leche de almendras

1 cucharada de almidón de maíz

1 cucharada de agua

• Precalentar el horno a 400°F. Esparcir las pacanas uniformemente en una bandeja metálica para hornear y tostarlas durante 7 minutos, o hasta que estén fragantes. Dejar enfriar, picar y reservar.

• En una cacerola de 2 cuartos, bata el azúcar moreno, la leche de coco, la margarina, la goma xantana, la sal y el extracto de vainilla. Calentar la mezcla a fuego medio-alto hasta que el azúcar se disuelva y la margarina se derrita. Añadir la leche de almendras. En un bol pequeño, bata la maicena y el agua para mezclarlas bien. Incorporar la mezcla de maicena al cazo y seguir calentando a fuego medio. Remover constantemente hasta que la mezcla cubra el dorso de una cuchara. Retirar del fuego y pasarla a un bol metálico. Colocar en el frigorífico y enfriar la mezcla hasta que se enfríe.

• Procesar en una heladora según las instrucciones del fabricante, o procesar según las instrucciones de este libro. Una vez que el helado haya terminado de procesarse en la heladora, incorpore las nueces tostadas. Pasar a un recipiente flexible y hermético y congelar durante 6 horas. Guárdelo en el congelador hasta 2 meses.

HELADO DE CHOCOLATE Y AVELLANAS

RENDIMIENTO: 1 PINTADA

Para esta receta, utilice mantequilla de avellana con chocolate comprada en la tienda o hecha en casa.

½ taza de mantequilla de avellana de chocolate no láctea, como la marca Justin's

1 taza de leche no láctea

2 cucharadas de aceite de coco

½ cucharadita de goma xantana

⅛ cucharadita de sal

½ taza de azúcar turbinado

½ taza de yogur natural no lácteo

• Coloque todos los ingredientes en una licuadora y bátalos hasta que estén suaves, raspando los lados de la licuadora según sea necesario. Procese en su heladera según las instrucciones del fabricante o siga las indicaciones de este libro. Páselo a un recipiente flexible y hermético y guárdelo en el congelador durante al menos 6 horas. Se conserva hasta 3 meses congelado.

HELADO DE AZÚCAR MORENO CON MANTEQUILLA

RENDIMIENTO: 1 CUARTO

Este helado demuestra que se puede disfrutar de todo el sabor dulce de la mantequilla, sin ningún tipo de lácteo.

¼ de taza de margarina no láctea

1 taza de azúcar moreno (claro u oscuro)

½ cucharadita de goma xantana

1¾ tazas de leche de coco entera en lata

½ cucharadita de extracto de vainilla

⅔ taza de leche no láctea

• Caliente la margarina, el azúcar moreno, la goma xantana, la leche de coco y el extracto de vainilla justo hasta que el azúcar se disuelva y la margarina se derrita a fuego medio. Incorporar la leche no láctea y batir en la batidora. Enfriar durante unos 15 minutos y pasar a una heladora. Siguiendo las instrucciones del fabricante, procese el helado hasta que esté completamente congelado, o procese según las instrucciones de este libro. Pasar a un recipiente flexible y hermético y enfriar en el congelador durante al menos 6 horas. Conservar en el congelador hasta 3 meses.

HELADO DE FRESA

RENDIMIENTO: 1 CUARTO

Olvídate de los sabores artificiales, ¡la única manera de hacer helado de fresa es con fresas de verdad! Esto es lo más auténtico que puedes conseguir con la ayuda del tofu sedoso y la leche de coco para darle una cremosidad extra.

2 tazas de fresas enteras, sin tallos

1 bloque (12,3 onzas) de tofu sedoso firme

1 lata (13,5 onzas) de leche de coco entera 1 cucharadita de extracto de vainilla

¾ de taza de azúcar

1 cucharadita de aceite de coco

1 taza de fresas picadas en trozos de media pulgada

• Coloca las 2 tazas de fresas en una licuadora junto con el tofu sedoso, la leche de coco, el extracto de vainilla, el azúcar y el aceite de coco. Mezcla hasta que esté suave y luego transfiérelo al tazón de una máquina para hacer helados y procésalo de acuerdo con las instrucciones del fabricante, o sigue el método de este libro. Una vez que la mezcla esté casi congelada, tritura la taza restante de fresas y mézclala con el helado. Continúe procesando hasta que se congele y luego transfiera a un recipiente flexible y hermético. Congele 6 horas antes de servir. Se conserva hasta 3 meses congelado.

HELADO DE ANACARDO MATCHA

RENDIMIENTO: 1 CUARTO

El anacardo mágico sustituye a la tradicional nata montada en este cremoso postre. El té verde Matcha en polvo aporta un color y un sabor característicos, que combinan con la textura suave de este helado.

2 tazas de anacardos crudos

½ taza de agave

½ taza de leche no láctea

¼ de cucharadita de sal

1½ cucharaditas de polvo de matcha

1 plátano pequeño maduro

• Coloque los anacardos en un bol mediano y cúbralos con agua. Tapa con un plato llano y deja los anacardos en remojo durante al menos 3 horas, preferiblemente 4.

• Escurra los anacardos y páselos a un procesador de alimentos junto con el resto de los ingredientes. Mezclar hasta que esté muy suave, durante unos 8 minutos, raspando los lados a menudo. Puede hacerla aún más cremosa transfiriéndola a una batidora y mezclándola hasta que esté súper suave.

• Poner en el bol de una heladora y procesar según las instrucciones del fabricante, o seguir las instrucciones de este libro. Pasar a un recipiente flexible y hermético y congelar 6 horas antes de servir. Se conserva hasta 3 meses congelado.

HELADO DE MENTA Y CHOCOLATE

RENDIMIENTO: 1 CUARTO

El color verde brillante de este postre proviene de la adición de espinacas frescas, que juro por la vida de mi heladero que no se sabrá. Hazlo aún más saludable sustituyendo los trocitos de chocolate por nibs de cacao.

2 tazas de espinacas frescas envasadas

2 latas (13,5 onzas) de leche de coco entera

½ taza de azúcar

½ taza de azúcar de palma de coco

1 cucharada de agave

2 cucharaditas de extracto de menta

½ taza de trocitos de chocolate no lácteos

Poner todos los ingredientes hasta los trozos de chocolate en la batidora de alta velocidad y batir hasta que esté muy suave, raspando los lados cuando sea necesario. Verter en el bol de una heladora y procesar según las instrucciones del fabricante, o seguir las instrucciones de este libro. Una vez congelado, incorporar los trozos de chocolate y congelar durante al menos 6 horas. Guardar en un recipiente flexible y hermético en el congelador hasta 3 meses.

HELADO DE JUDÍAS NEGRAS

RENDIMIENTO: 1 CUARTO

Las alubias adzuki también funcionan bien aquí, aunque pueden ser más difíciles de conseguir.

1½ tazas de frijoles negros cocidos, enjuagados

1 lata (13,5 onzas) de leche de coco entera

¾ de taza de azúcar

1 cucharada de cacao en polvo

Una pizca de sal

⅛ cucharadita de goma xantana

• En una licuadora, haga un puré con todos los ingredientes hasta que estén muy suaves. Procese en su heladera según las instrucciones del fabricante, o siga las indicaciones de este libro. Guárdelo en un recipiente flexible y hermético y congélelo al menos 6 horas antes de servirlo. Se conserva hasta 3 meses congelado.

HELADO DE CALABAZA

RENDIMIENTO: 1 CUARTO

La primera vez que probé un helado con sabor a calabaza fue justo después de un paseo en heno con mi mejor amiga de la infancia cuando estábamos en la escuela secundaria. Fue un gran recuerdo, con el frío otoñal de la brisa nocturna y el olor de las hojas crujiendo bajo nuestros pies. Ahora, cada vez que pruebo un helado de calabaza, me siento transportada a ese día, con su felicidad otoñal.

1½ tazas de azúcar

1 lata (13,5 onzas) de leche de coco entera

2 cucharaditas de extracto de vainilla

1 lata (15 onzas) de puré de calabaza

1½ cucharaditas de canela

⅛ cucharadita de nuez moscada molida

⅛ cucharadita de clavo de olor

½ cucharadita de sal

• A fuego medio, en una cacerola de 2 cuartos, calentar el azúcar y la leche de coco hasta que el azúcar se haya disuelto por completo. Bata el extracto de vainilla, el puré de calabaza, las especias y la sal. Procesar en una heladora según las instrucciones del fabricante, o seguir las instrucciones de este libro. Pasar a un recipiente flexible y hermético y congelar al menos 6 horas antes de servir. Guárdelo en el congelador hasta 3 meses.

HELADO DE CHOCOLATE EARL GREY

RENDIMIENTO: 1 CUARTO

Esta popular combinación de sabores tiene su momento para brillar en esta receta. Las notas florales de Earl Grey son sutiles, pero inolvidables.

7 bolsas de té Earl Grey

¾ de taza de agua muy caliente

1 taza de chispas de chocolate no lácteo

¾ de taza de azúcar

1 lata (13,5 onzas) de leche de coco entera

1 cucharada de cacao en polvo extra oscuro

Una pizca de sal

¼ de cucharadita de goma xantana, opcional, para la cremosidad

½ taza de leche no láctea

- Remojar las bolsas de té en el agua caliente durante al menos 15 minutos. Exprime y retira las bolsitas de té y reserva el té.

- Poner las pepitas de chocolate en un bol grande apto para el calor.

- Combinar el azúcar, la leche de coco, el cacao en polvo, la sal y la goma xantana, si se utiliza, en una cacerola pequeña a fuego medio. Calentar hasta que esté caliente (no dejar que hierva) y verter sobre los trozos de chocolate para que se derritan. Añadir la leche no láctea y el té preparado y remover bien para combinar. Enfríe la mezcla en el frigorífico durante 1 hora.

- Colocar en una máquina de hacer helados y dejarla funcionar hasta que se espese y adquiera la consistencia de un helado blando, o seguir las instrucciones de este libro. Pasar inmediatamente a un recipiente flexible y hermético y enfriar al menos 6 horas hasta que esté firme. Se conserva hasta 3 meses congelado.

HELADO DE TARTA DE QUESO CON MORAS

RENDIMIENTO: 1 CUARTO

Te reto a que tomes un solo bocado de este cremoso brebaje; el sabor es altamente adictivo. El tono púrpura brillante que proviene de las moras hace que este helado sea más que perfecto. Si no dispone de moras, puede sustituirlas por otro tipo de bayas, congeladas o frescas; ¡todas las bayas van muy bien con el gelato con sabor a tarta de queso! Si lo desea, puede utilizar crema dulce de anacardos en lugar de queso crema no lácteo.

2 tazas de moras

1 taza de queso crema no lácteo

1 taza de leche no láctea

¾ de taza de azúcar

1½ cucharaditas de extracto de vainilla

• Ponga todos los ingredientes en una batidora y bátalos hasta que estén suaves. Pasar al bol de una heladora y procesar según las instrucciones del fabricante, o seguir las instrucciones de este libro. Una vez congelado, guárdelo en un recipiente flexible y hermético hasta 2 meses.

PUDÍN DE CARAMELO

RENDIMIENTO: 6 COPAS

Estas paletas de pudín son el regalo perfecto para el clima cálido con su base de caramelo salado y su textura cremosa y fresca. Necesitarás moldes de polos para estos, o puedes usar bandejas de silicona para cubitos de hielo para mini-pops, o incluso puedes usar pequeños vasos de papel.

1 receta de salsa de caramelo

1 lata (13,5 onzas) de leche de coco entera

2 cucharadas de azúcar de palma de coco

⅛ cucharadita de sal

3 cucharadas de harina de arroz integral superfina

- En una cacerola de 2 cuartos de galón a fuego medio, combine la salsa de caramelo, la leche de coco, el azúcar de palma de coco y la sal y bata bien hasta que se combinen. Calentar hasta que la mezcla esté caliente y toda la leche de coco y el azúcar se hayan disuelto. Incorporar la harina de arroz integral superfina y seguir cocinando a fuego medio, removiendo a menudo, hasta que espese, de 4 a 5 minutos.

- Dejar enfriar brevemente y luego verter en moldes de paletas, colocando palos de madera directamente en los centros. Congele toda la noche antes de disfrutar. Se conserva hasta 1 mes congelado.

Esta receta también hace un delicioso pudín de caramelo, pero no lo congeles. En lugar de eso, vierta el pudín en platos para servir y refrigere hasta que se cuaje, durante unas 3 horas.

SÁNDWICHES DE HELADO CLÁSICOS

RENDIMIENTO: 8 SÁNDWICHES

Esta receta produce una galleta que aguanta bien la congelación y se mantiene blanda una vez congelada, al estilo clásico de los sándwiches de helado. El sabor de base es el chocolate; ¡prepare los barquillos con su helado favorito!

¾ de taza de margarina fría no láctea

1 taza de azúcar

1 cucharadita de extracto de vainilla

1 taza de harina de sorgo

¾ de taza de cacao en polvo

½ taza de fécula de patata

1 cucharadita de goma xantana

¼ de cucharadita de bicarbonato de sodio

2 cucharadas de leche no láctea

4 tazas de su helado no lácteo favorito

• En un cuenco grande, mezclar la margarina, el azúcar y el extracto de vainilla. En otro bol más pequeño, mezcle la harina de sorgo, el cacao en polvo, la fécula de patata, la goma xantana y el bicarbonato de sodio hasta que estén bien combinados.

• Incorporar gradualmente la mezcla de harina a la de azúcar hasta que se desmenuce. Una vez desmenuzada, añada la leche no láctea hasta que esté completamente combinada. Si utiliza una batidora eléctrica, déjela funcionar a velocidad baja mientras añade la leche no láctea. La masa debe quedar bastante dura en este punto.

• Formar un tronco rectangular, de unos 5 x 10 centímetros, con la ayuda de papel pergamino y una rasqueta/espátula de banco para aplanar y formar los lados. Envolver sin apretar con papel pergamino y enfriar en el congelador durante 30 minutos, hasta que esté bien frío.

• Precalentar el horno a 350°F. Una vez que la masa esté bien fría, corte el tronco por la mitad, haciendo dos ladrillos de tamaño uniforme (de aproximadamente 2 × 5 pulgadas cada uno). Déle la vuelta a cada ladrillo y luego córtelo uniformemente en rectángulos de aproximadamente 2 × 3 pulgadas y de aproximadamente ⅛ pulgadas de espesor para emular una galleta de un sándwich de helado comprado en la tienda.

• A medida que vayas cortando las galletas, coloca cada trozo de masa fina con cuidado sobre papel de pergamino o un tapete silpat.

• Cocer en el horno precalentado de 14 a 16 minutos. Retirar del horno y dejar que se enfríe completamente a temperatura ambiente. Páselo al congelador justo antes de montarlo y enfríelo durante al menos 10 minutos. Mientras tanto, ablande el helado que haya elegido durante unos 10 minutos, o hasta que se pueda servir con facilidad.

• Para montarlo, coge una galleta y pon encima unas cuantas cucharadas de tu helado favorito. Aplique el helado con otra galleta y pase una cuchara por el borde para asegurar una distribución uniforme del helado.

• Vuelva a colocar los sándwiches en el congelador y enfríelos hasta que estén firmes. Una vez firmes, envuélvalos cuidadosamente en papel encerado para guardarlos. Se conservan hasta 3 meses congelados.

SORBETES Y HELADOS

SORBETE DE MANZANA AL ROMERO

RENDIMIENTO: 1 CUARTO

No me canso de probar este sorbete. El sabor de la manzana es realmente tentador y se realza elegantemente con la adición de romero. Asegúrese de buscar romero fresco, en lugar de seco, ya que marcará la diferencia.

2½ tazas de sidra de manzana (sin azúcar añadido)

⅓ taza de azúcar

1 ramita de romero fresco

En una cacerola pequeña a fuego medio, combinar la sidra de manzana, el azúcar y el romero y cocinar durante unos 7 minutos, removiendo a menudo, hasta que el azúcar se disuelva y el romero haya añadido un toque de fragancia a la sidra. Retirar el almíbar del fuego y dejar que se enfríe por completo, ya sea en el frigorífico o a temperatura ambiente. Procesar en la heladora según las instrucciones del fabricante o siguiendo las indicaciones de este libro. Una vez congelado, guárdelo en un recipiente hermético en el congelador hasta 2 meses.

SORBETE DE FRESAS Y CHAMPÁN

RENDIMIENTO: 1 CUARTO

En realidad, no te recomiendo que utilices champán para hacer este delicioso sorbete, pero desde luego puedes hacerlo si te enrollas mucho. Yo prefiero el Prosecco, por sus notas sutiles y su precio más modesto.

1 pera, pelada y cortada en cubos (aproximadamente 1 taza)

2 tazas de fresas, sin las hojas

1 taza de Prosecco, Spumante u otro vino blanco espumoso

¾ de taza de azúcar

• En un procesador de alimentos, pulse la pera y las fresas hasta que estén bien picadas. En un bol aparte, mezcle gradualmente el Prosecco con el azúcar y remueva suavemente para que se disuelva. Deje reposar unos 5 minutos y vuelva a remover suavemente. Vierta aproximadamente ½ taza de la mezcla de Prosecco en el procesador de alimentos y mézclelo hasta que quede bastante suave, durante aproximadamente 1 minuto, raspando el bol cuando sea necesario.

• Añada el resto de la mezcla de Prosecco y bata hasta que esté bien combinada. Pasar al bol de una heladora y procesar según las instrucciones del fabricante o siguiendo las instrucciones de este libro.

• Conservar en un recipiente hermético hasta 2 meses en el congelador.

SORBETE DE FRUTA DEL DRAGÓN

RENDIMIENTO: 1 CUARTO

Aunque considero hermosas casi todas las creaciones de la naturaleza, siempre me asombra cada vez que corto una fruta del dragón. Estas frutas de color fucsia brillante se abren para dar lugar a un dálmata en su interior y tienen un sabor neutro similar al de las uvas. Además, hacen un magnífico sorbete. Compruebe la madurez presionando suavemente la gruesa piel de la fruta. Si cede a una pequeña presión bajo el pulgar, entonces está madura.

2 frutas del dragón grandes

1 taza de azúcar

1 taza de agua

¼ de cucharadita de extracto de vainilla

• Pele la fruta del dragón cortando la parte superior del tallo lo suficiente como para dejar al descubierto la fruta blanca. Pele la fruta con cuidado, como si fuera un plátano, para eliminar la piel de forma limpia y sencilla.

• Cortar la fruta en cubos y colocarla en un procesador de alimentos. Pulse hasta que tenga la consistencia de un granizado.

• En una cacerola pequeña a fuego medio, cocine el azúcar y el agua juntos justo hasta que el azúcar se haya disuelto completamente, durante 1 o 2 minutos.

• Pasar el puré de fruta del dragón a un bol y mezclar con el jarabe de azúcar y la vainilla. Enfríe la mezcla en el congelador durante 30 minutos, remuévala, enfríela durante 10 minutos más y, a continuación, procésela en una heladora hasta que tenga un color blanco brillante y la consistencia de un sorbete. También se puede hacer siguiendo las instrucciones de este libro, pero es preferible una heladora si se dispone de ella. Guardar en un recipiente flexible y hermético en el congelador hasta 3 meses.

SORBETE DE JENGIBRE Y MELOCOTÓN

RENDIMIENTO: 1 CUARTO

El cálido jengibre se combina maravillosamente con este fresco sorbete de melocotón para ofrecer un postre que sería bienvenido al final de cualquier cena.

4 melocotones grandes y maduros (no demasiado blandos)

1 cucharadita de jengibre fresco rallado

Una pizca de sal

1 taza de azúcar

½ taza de crema de coco en lata (la parte más gruesa de una lata de leche)

½ taza de leche no láctea

• Llene una olla de 2 cuartos de galón con agua hasta la mitad y llévela a ebullición a fuego medio-alto. Introducir con cuidado los melocotones en el agua hirviendo y cocerlos durante 1½ minutos. Escurrir inmediatamente y pasar los melocotones por agua fría. Retirar con cuidado las pieles y los huesos y desecharlos.

• Poner los melocotones escaldados, el jengibre, la sal, el azúcar, la crema de coco y la leche no láctea en un procesador de alimentos o en una batidora y batir hasta que esté suave. Enfríelo en el frigorífico hasta que esté frío y páselo a una heladora y procéselo según las instrucciones del fabricante, o siga las instrucciones de este libro. Pasar a un recipiente flexible y hermético que se pueda congelar y congelar durante al menos 4 horas antes de servir. Se conserva hasta 3 meses congelado.

SORBETE DE FRESA CON BALSÁMICO

RENDIMIENTO: 2 CUPS

Un postre absolutamente delicioso, que sabe igual que las fresas recién recogidas. El balsámico complementa bien las bayas y contrarresta el dulzor del sirope simple.

¾ de taza de jarabe simple

1 cucharada de vinagre balsámico blanco o rojo

2 tazas de fresas frescas, sin las hojas

• En una licuadora, haga un puré con todos los ingredientes hasta que estén suaves. Colocar en un recipiente metálico para hornear, de unas 8 pulgadas de diámetro, y cubrirlo con papel de plástico. Congelar durante 3 horas, o hasta que esté sólido, pero todavía blando. Guardar en un recipiente hermético en el congelador hasta 2 meses.

SEMIFRÍO DE LIMONCELLO

RENDIMIENTO: 6 RACIONES

Una delicia brillante y con sabor a alcohol sólo para adultos. Este semifrío cremoso y esponjoso se prepara mejor en una batidora de alta velocidad, como una Vitamix, para que quede más aireado.

2 tazas de anacardos crudos

½ taza de azúcar

1 taza de crema de coco (de la parte superior de 2 latas refrigeradas de leche de coco entera)

⅔ taza de Limoncello

Ralladura de limón fresco, para decorar (opcional)

• Poner los anacardos en un bol mediano y cubrirlos con agua. Deje los anacardos en remojo durante al menos 4 horas, pero no más de 6. Escúrralos y póngalos en una batidora de alta velocidad.

• Añada el resto de los ingredientes y mézclelos a velocidad baja para que se combinen. Aumente la velocidad a alta y deje que se mezcle hasta que esté completamente suave, durante aproximadamente 1 minuto.

• Vierta la mezcla en vasos de silicona para hornear o en moldes para helados y congele durante al menos 6 horas y hasta toda la noche. Para un toque más especial, sírvelo adornado con ralladura de limón. Se conserva hasta 3 meses congelado.

GRANIZADO DE ALMENDRA Y MANZANILLA

RENDIMIENTO: UNAS 3 TAZAS

Este granizado de sabor ligero es una opción ideal cuando el helado parece demasiado pesado. La manzanilla añade una nota floral que se compensa perfectamente con la leche de almendras.

2 bolsas de té de manzanilla (o 2 cucharaditas de té de manzanilla en un colador)

1 taza de agua muy caliente, pero no hirviendo

½ taza de jarabe simple

1 cucharadita de extracto de almendra

½ taza de leche de almendras

• En un recipiente mediano, deje reposar el té y el agua caliente durante 5 minutos, hasta que el agua esté perfumada y dorada. Retirar las bolsitas de té y dejar que se enfríen a temperatura ambiente. Mezclar con el sirope, el extracto de almendras y la leche de almendras. Colocar en una bandeja metálica para hornear, de unos 20 x 25 cm, sobre una superficie plana en el congelador. Enfríe la mezcla hasta que se congele por completo y, a continuación, raspe los gránulos con un tenedor. Servir en platos refrigerados. Se conserva hasta 3 meses congelado si se guarda en un recipiente hermético.

MOJITO GRANITA

RENDIMIENTO: 3 CUPS

Me encantan los mojitos en verano. Me da vértigo cuando veo la menta fresca asomarse por encima de nuestra valla en primavera, haciéndome saber que es casi el momento de abastecerse de lima y seltzer. Este granizado satisfará tu antojo de la libación veraniega en cualquier momento del año.

¾ de taza de jarabe simple

Zumo de 3 limas, unas 6 cucharadas

2 cucharadas de ron

1 taza de agua con gas fría

½ cucharadita de extracto de menta

• Combine todos los ingredientes en un tazón mediano, y luego viértalos en un plato de plástico antiadherente o de metal. Congele durante 3 horas. Una vez congelado, raspar suavemente la mezcla en gránulos utilizando las púas de un tenedor. Servir con una ramita de menta fresca o un toque de lima. Guardar en un recipiente hermético en el congelador. Se conserva hasta 3 meses congelado.

MANDARIN ICE

RENDIMIENTO: 1 CUARTO

Esta deliciosa delicia congelada es una forma refrescante de obtener vitamina C. A mí me gusta usar clementinas, para darle más dulzura, pero las mandarinas u otras naranjas también funcionan bien.

1½ tazas de zumo de mandarina, unas 8 clementinas

2 cucharaditas de ron o de extracto de vainilla

1 cucharada de agave

• Ponga todos los ingredientes en un bol y bátalos bien para combinarlos. Verter en un molde metálico para pasteles (de unas 9 pulgadas de diámetro) y meterlo en el congelador. Congele durante 4 horas o hasta que se congele. Raspe suave pero rápidamente la mezcla en el hielo con un tenedor -no se exceda o puede convertirse en un granizado- y luego transfiérala a un recipiente hermético que pueda cerrarse. Se conserva hasta 3 meses congelado.

PALETAS DE HIELO DE PIÑA

RENDIMIENTO: UNOS 4 POLOS

Estas golosinas tropicales son muy populares en México y se conocen como *paleta de piña*. Las paletas tienen innumerables variaciones de sabor, pero a mí me encantan estas paletas de piña por su sabor natural a caramelo.

Necesitarás moldes de paletas o bandejas de silicona para cubitos de hielo para los mini-pops, o simplemente utiliza pequeños vasos de papel.

2 tazas de piña en dados, escurrida

½ taza de jarabe simple

½ cucharadita de ron o de extracto de vainilla

2 cucharadas de leche de coco entera

• Poner todos los ingredientes en la batidora o en el robot de cocina y batirlos hasta que estén casi hechos puré. Vierte en moldes de paletas, coloca palos de madera en el centro y congela durante la noche. Se conserva hasta 3 meses congelado.

Utilice agave en lugar del jarabe simple si lo desea, pero espere un color más oscuro para sus paletas.

Capítulo 3

TENTADORES FLANES, NATILLAS, JALEAS Y FRUTAS

Este capítulo abarca todo lo que necesita saber para preparar pudines, rellenos, frutas y mucho más. Estos son algunos de mis postres favoritos por su rapidez y facilidad, así como por sus usos en otros postres como rellenos, coberturas y guarniciones.

BUDINES Y FLANES

CRÈME BRÛLÉE

RENDIMIENTO: 4 RACIONES

Si pensabas que conseguir la textura adecuada para la crème brûlée clásica sería imposible sin huevos ni nata, esta receta te demostrará todo lo contrario. Si no tiene un soplete culinario (¿por qué no?), también puede ponerlos bajo la parrilla a temperatura alta durante 5 minutos; sólo tiene que vigilar que no se queme la parte superior del azúcar.

1 lata (13,5 onzas) de leche de coco entera

1½ tazas de leche no láctea

1 taza de agua 1¾ tazas de azúcar

3 cucharadas de margarina no láctea

¾ de taza de maicena mezclada con ½ taza de agua

3 cucharadas de harina de besan/garbanzos

1 cucharadita de extracto de vainilla

¾ de cucharadita de sal marina

2 cucharadas de azúcar para la cobertura

• Prepare cuatro ramequines engrasándolos muy ligeramente con aceite de coco o margarina.

• En una cacerola de 2 cuartos, combine la leche de coco, la leche no láctea, el agua, el azúcar y la margarina y cocine a fuego medio durante unos 5 minutos, o hasta que la mezcla esté caliente.

• En un cuenco pequeño, mezclar la pasta de maicena, el besan y el extracto de vainilla hasta que quede muy suave. Añade la mezcla de maicena a la mezcla de leche de coco junto con la sal y remueve constantemente con un batidor a fuego medio para que espese, lo que debería ocurrir después de unos 5 minutos.

• Pasar a los moldes preparados y dejar enfriar completamente a temperatura ambiente hasta que estén firmes. Espolvoree cada taza con aproximadamente ½ cucharada de azúcar y luego haga un brûlée en la parte superior con un soplete. Guarde en un recipiente hermético hasta 1 semana en el refrigerador.

PUDÍN DE CHOCOLATE

RENDIMIENTO: DE 2 A 4 RACIONES

Una de mis delicias favoritas es el pudín de chocolate. Me encanta lo complicado que parece todo, de pie sobre el fogón, batiendo meditadamente. Este pudín es tan bueno como otros pudines de chocolate que conocemos y amamos, con su textura espesa y cremosa y un inolvidable sabor a chocolate.

½ taza de cacao en polvo

½ taza de azúcar

2 cucharaditas de extracto de vainilla

¼ de cucharadita de sal

1 taza de leche no láctea

3 cucharadas de maicena

3 cucharadas de agua

• En una cacerola de 2 cuartos de galón, bata el cacao en polvo, el azúcar, el extracto de vainilla, la sal y aproximadamente ⅓ taza de la leche no láctea. Mezcle hasta que no queden grumos y, a continuación, añada la leche no láctea adicional.

• Calentar a fuego medio. En un bol pequeño, batir la maicena y el agua hasta que no queden grumos. Incorporar la mezcla de maicena y seguir removiendo, a fuego medio, hasta que espese, durante unos 5 minutos. Pasar a dos platos medianos o cuatro pequeños y enfriar antes de servir. Guárdelo en un recipiente hermético hasta 1 semana en el frigorífico.

PUDÍN DE PISTACHO

RENDIMIENTO: DE 2 A 4 RACIONES

Este postre, ligeramente salado y muy dulce, es fácil de preparar y un éxito seguro para los amantes de los pistachos. Me encanta este rico pudín servido en pequeñas cantidades como postre o aperitivo.

1 taza de pistachos tostados y salados, sin cáscara

½ taza de azúcar granulado

⅓ taza de leche no láctea, más 1½ tazas de leche no láctea

¼ de taza de azúcar granulada adicional

5 cucharadas de maicena

4 cucharadas de agua

• En un procesador de alimentos, pulse los pistachos hasta que se desmenucen. Añada el azúcar y mezcle hasta que se convierta en polvo, con sólo unos pocos trozos grandes. Añada la ⅓ taza de leche no láctea y haga un puré hasta que esté bien combinado.

• Transfiera la mezcla de pistachos a una olla de 2 cuartos y bata la leche no láctea adicional y el azúcar.

• En un bol pequeño, mezcle con un tenedor la maicena y el agua hasta que no queden grumos. Añade esta papilla a la mezcla de pistachos.

• Calentar a fuego medio, removiendo frecuentemente hasta que espese, de 5 a 7 minutos. Verter en dos o cuatro moldes o platos para servir y dejar enfriar completamente. Servir frío con la cobertura batida. Guárdelo en un recipiente hermético hasta 1 semana en el frigorífico.

ARROZ CON LECHE DE VAINILLA Y CIRUELAS

RENDIMIENTO: 6 RACIONES

Una versión aromática del tradicional arroz con leche, me gusta usar basmati por sus magníficas notas florales además de la vainilla y la ciruela.

¾ de taza de arroz basmati o de grano largo

1½ tazas de agua fría

3 ciruelas sin pelar, sin hueso y cortadas en dados

3 cucharaditas de extracto de vainilla

½ cucharadita de sal

1 taza de leche no láctea

½ taza de azúcar

2 cucharadas de harina de arroz blanco dulce

¼ de taza de agua

• En una cacerola de 2 ó 3 cuartos con tapa hermética, mezcle el arroz con el agua fría. Llevar a ebullición a fuego medio-alto. Reducir inmediatamente a fuego lento y tapar. No remover.

• Dejar cocer a fuego lento durante unos 20 minutos, o hasta que el arroz pueda esponjarse fácilmente con un tenedor. Suba el fuego a medio y añada las ciruelas, el extracto de vainilla, la sal, la leche no láctea y el azúcar. En un bol más pequeño, mezcle con un tenedor la harina de arroz blanco dulce y el agua. Incorpore la mezcla a la de arroz y cocine de 5 a 7 minutos, removiendo constantemente, hasta que espese. Servir caliente o frío. Guárdelo en un recipiente hermético hasta 1 semana en el frigorífico.

PUDÍN DE TAPIOCA

RENDIMIENTO: 6 RACIONES

El pudín de tapioca es uno de esos postres que la mayoría de la gente ama u odia, ¡y yo realmente lo adoro! Habiendo crecido sólo con los pudines instantáneos, encuentro que esta versión casera es mucho mejor. Puede que te haga cambiar de opinión si aún no eres un fanático. Busca las perlas de tapioca en la sección de repostería de la mayoría de las tiendas de comestibles, o encuentra un sinfín de formas y colores en los mercados asiáticos.

½ taza de perlas de tapioca pequeñas (no instantáneas)

1 taza de leche de coco entera en lata

2 tazas de leche no láctea

½ cucharadita de sal

½ taza de azúcar

1 cucharadita de vainilla

• En una olla de 2 cuartos de galón, bata todos los ingredientes hasta que estén suaves. A fuego medio-alto, llevar a ebullición, removiendo constantemente. Una vez hirviendo, reducir el fuego a bajo y cocer a fuego lento durante 15 minutos, removiendo muy a menudo, hasta que el pudín se haya espesado y las perlas ya no sean blancas y firmes, sino claras y gelatinosas.

• Colocar en platos para servir o en un recipiente flexible y hermético y enfriar hasta que esté completamente frío. Servir frío. Conservar en un recipiente hermético hasta 1 semana en el frigorífico.

PUDÍN DE QUINOA DE LA COSECHA DE OTOÑO

RENDIMIENTO: 6 RACIONES

Las frutas y las especias otoñales se combinan para hacer un pudín reconfortante, y la quinoa le da una textura densa, cremosa y masticable.

1 cucharada de aceite de coco

1 taza de nueces picadas

1 manzana, cortada en trozos pequeños

½ taza de dátiles secos, picados

½ cucharadita de nuez moscada molida

1 cucharadita de canela molida

¼ de cucharadita de cardamomo

½ cucharadita de sal

½ taza de leche fría no láctea

2 cucharaditas de maicena

1 cucharadita de extracto de vainilla

2 tazas de quinoa cocida

1 taza de azúcar moreno

• A fuego medio, en una cacerola de 2 cuartos, calentar el aceite de coco hasta que se derrita. Añadir las pacanas, las manzanas, los dátiles, la nuez moscada, la canela, el cardamomo y la sal. Seguir cocinando a fuego medio, removiendo para que la mezcla no se queme. Cocinar de 3 a 5 minutos, o hasta que las manzanas se ablanden y las pacanas adquieran aroma.

• En un bol pequeño, mezcle la leche no láctea con la maicena y el extracto de vainilla. Bata hasta que estén bien combinados y no se vean grumos.

• Añada la quinoa cocida a la cacerola. Incorpore el azúcar moreno y la mezcla de leche no láctea. Cocinar a fuego medio durante unos 2 minutos, o hasta que espese. Servir caliente o frío. Guardar en un recipiente hermético hasta 1 semana en la nevera.

FLAN DE BOMBA

RENDIMIENTO: 4 RACIONES

Este es un método tradicional de hacer flan de calabaza, en el que se deja que la calabaza brille por sí sola, en lugar de enmascararla con especias como la canela y el clavo.

1 taza de calabaza enlatada o de puré de calabaza colado

1 taza de leche no láctea

½ taza + 1 cucharada de azúcar

¼ de cucharadita de sal

Una pizca de nuez moscada molida

⅓ de taza de almidón de maíz

4 cucharadas de agua fría

• Engrasar ligeramente cuatro ramequines o tazas de té con margarina o spray de cocina.

• En una cacerola de 2 cuartos de galón, bata la calabaza, la leche no láctea, el azúcar, la sal y la nuez moscada hasta que esté suave. Caliente a fuego medio.

• Combinar la maicena con el agua fría y remover hasta que no queden grumos. Vierta la mezcla de calabaza y siga batiendo, constantemente, a fuego medio hasta que espese, durante unos 7 minutos. Notará un esfuerzo importante en la muñeca a medida que se vaya espesando.

• Verter en moldes ligeramente engrasados y dejar enfriar. Pasar a la nevera y enfriar completamente hasta que se enfríe. Invertir en un plato pequeño y plano, o dejar en las tazas para servir. Cubra con la salsa de caramelo. Guárdelo en un recipiente hermético hasta 1 semana en el frigorífico.

NATILLAS DE CREMOSO

RENDIMIENTO: 4 RACIONES

El soleado sabor a naranja de este pudin te alegrará el día. Incluso puedes congelar este pudín en moldes de paletas para hacer cremas.

4 cucharadas de maicena

4 cucharadas de agua fría

2 tazas de leche no láctea

½ taza de zumo de naranja recién exprimido

1 taza de azúcar

1 cucharadita de ralladura de naranja

½ cucharadita de sal

• En un bol pequeño, batir la maicena y el agua fría y mezclar bien hasta que se disuelva. En un cazo pequeño, combine la leche no láctea, el zumo de naranja y el azúcar. Añada la ralladura y la sal. Caliéntelo ligeramente a fuego medio-bajo y añada gradualmente la mezcla de maicena removiendo frecuentemente con un batidor hasta que la mezcla alcance un hervor lento.

• Reduzca el fuego a bajo y siga removiendo hasta que la mezcla se vuelva espesa, durante unos 10 minutos de cocción en total. Dividir en cuatro platos para servir y dejar reposar a temperatura ambiente hasta que se caliente. Transfiera los platos a la nevera y enfríe durante al menos 3 horas, o hasta que esté completamente cuajado. Sírvalo frío. Guárdelo en un recipiente hermético hasta 1 semana en el frigorífico.

TIRAMISU

RENDIMIENTO: 10 RACIONES

El tiramisú es quizás uno de los postres más populares en los restaurantes italianos. Siempre me ha gustado el tiramisú por su embriagadora fragancia y su deliciosa textura que se derrite en la boca. Después de pasar a ser sin gluten, estaba convencida de que este postre estaría fuera de los límites para siempre, ¡pero ya no! Postre de lujo apto para alérgicos, a su servicio.

10 a 12 Ladyfingers

¼ de receta de salsa de chocolate negro diabólico

RELLENO

1 receta de Mascarpone

1½ tazas de azúcar de repostería

⅛ cucharadita de sal

12 onzas de tofu sedoso firme

3 onzas (unas 3 cucharadas) de queso crema no lácteo

3 cucharadas de maicena

4 cucharadas de agua fría

SALSA

1 cucharada de cacao en polvo, más para espolvorear

1 cucharada de agave

2 cucharadas de café muy fuerte o espresso

Para el relleno

- Ponga el Mascarpone, el azúcar de repostería, la sal, el tofu y el queso crema no lácteo en un procesador de alimentos y bata hasta que quede muy suave, durante unos 2 minutos. Transfiera la mezcla a una cacerola de 2 cuartos a fuego medio.

- Batir la maicena y el agua fría hasta que no queden grumos. Rocíe la lechada de maicena en el resto de los ingredientes y bátalos, continuando la cocción a fuego medio. Seguir removiendo continuamente hasta que la mezcla espese, durante unos 5 minutos. No se aleje de la mezcla o se quemará.

- Dejar enfriar brevemente.

Para la salsa

- Prepare la salsa batiendo el cacao en polvo, el agave y el café en un tazón pequeño hasta que esté suave.

Para montar el Tiramisú

- En un molde pequeño y cuadrado para hornear, disponga cinco o seis galletas ladyfinger para que quepan en el molde. Extienda la salsa de cacao expreso en un plato llano, lo suficientemente grande para que las galletas queden planas. Una por una, sumerja cada lado de la galleta en la salsa, brevemente, y vuelva a colocarla con cuidado. Repita la operación hasta que todas las galletas se hayan sumergido ligeramente.

- Divida el relleno del Tiramisú por la mitad y extienda la mitad del relleno sobre los bizcochos y repita con una capa más de cada uno. Espolvorear la parte superior con cacao en polvo y luego rociar con la salsa de chocolate negro Devilishy justo antes de servir. Guardar en un recipiente hermético hasta 3 días en el frigorífico.

MOUSSE DE MASA DE BROWNIE

RENDIMIENTO: 6 RACIONES

Pequeños trozos de nueces cubiertas de chocolate -que saben mucho a brownies en miniatura- salpican esta sedosa mousse, aportando una doble dosis de sabor a chocolate.

6 onzas de chocolate semidulce picado

2 cucharadas de leche no láctea

1 cucharada de jarabe de arce

1 taza de nueces picadas

2 (350 g) paquetes de tofu sedoso extrafuerte

1 taza de azúcar

¾ de taza de cacao en polvo

½ cucharadita de sal

1 cucharadita de extracto de vainilla

• Derretir el chocolate al baño María a fuego lento hasta que esté suave. Incorporar la leche no láctea y el sirope de arce y retirar del fuego. Añadir las nueces y cubrirlas generosamente con una capa gruesa de chocolate.

• Forrar una bandeja para galletas con un tapete de silicona o papel encerado. Esparza las nueces cubiertas de chocolate en una capa uniforme sobre la bandeja preparada. Enfría las nueces en el congelador hasta que termines de hacer la mousse.

• Para hacer la mousse, simplemente mezcle el tofu, el azúcar, el cacao en polvo, la sal y el extracto de vainilla en un procesador de alimentos o en una batidora hasta que esté extremadamente suave, durante unos 2 minutos, raspando los lados cuando sea necesario.

• Sacar las nueces cubiertas de chocolate del congelador cuando estén firmes y mezclarlas con la mousse. Colocar en platos individuales y servir muy frío. Guárdelo en un recipiente hermético hasta 1 semana en el frigorífico.

POTS DE CRÈME DE BUTTERNUT

RENDIMIENTO: 2 RACIONES

La tierna calabaza es la base de este postre de chocolate increíblemente rico. Es un fabuloso capricho otoñal. Los Pots de Crème se pueden preparar con hasta dos días de antelación.

2 tazas de calabaza asada en cubos

½ taza de azúcar de coco o de azúcar moreno envasado

¼ de taza de cacao en polvo

¼ de taza de harina de sorgo

1 cucharadita de extracto de vainilla

½ cucharadita de sal

Sal ahumada para la cobertura

• Precaliente el horno a 350°F y engrase ligeramente dos moldes de 4 pulgadas.

• Hacer un puré con la calabaza en el procesador de alimentos hasta que esté suave. Añadir el azúcar, el cacao en polvo, la harina de sorgo, el extracto de vainilla y la sal. Mezclar hasta que todos los ingredientes estén bien combinados, raspando los lados cuando sea necesario.

• Vierta la mezcla en los dos ramequines y espolvoree la sal ahumada sobre los flanes. Hornee de 45 a 50 minutos, o hasta que los lados del budín comiencen a despegarse de los ramequines. Servir caliente para un pudín más suave o servir frío para un postre firme. Guárdelo en un recipiente hermético hasta 1 semana en el frigorífico.

SOPA DE CHOCOLATE

RENDIMIENTO: 4 RACIONES

A medio camino entre el pudín y la salsa de chocolate, este postre inusual es una opción muy divertida para las cenas. Sirve este plato extra rico en cuencos muy pequeños.

1 taza de leche de coco enlatada, ligera o entera

¾ de taza de leche no láctea (sin azúcar)

2 cucharaditas de extracto de vainilla

⅓ taza de azúcar

⅛ cucharadita de sal

1 cucharada de cacao en polvo

½ taza de chocolate no lácteo, picado

1 cucharada de maicena mezclada con 2 cucharadas de agua

• En un cazo pequeño, bata la leche de coco, la leche no láctea, el extracto de vainilla, el azúcar, la sal y el cacao en polvo. Calentar a fuego medio hasta que esté muy caliente, pero sin llegar a hervir, durante unos 5 minutos. Incorporar el chocolate y calentar hasta que se derrita, sin dejar de remover, pero sin dejar que la mezcla llegue a hervir. Incorporar la mezcla de maicena y calentar durante unos 3 minutos, removiendo constantemente, hasta que la mezcla se haya espesado y cubra el dorso de una cuchara. Servir caliente en cuencos individuales adornados con malvaviscos veganos o crema de coco batida y nibs de cacao (o mini chips de chocolate). Guardar en un recipiente hermético hasta 2 días en el frigorífico. Recalentar simplemente calentando a fuego medio-bajo en una cacerola pequeña hasta alcanzar la temperatura deseada.

PODER DE PAN

RENDIMIENTO: 8 RACIONES

Este pudín se presta perfectamente a mezclas de todo tipo. Pruebe a mezclar trozos de piña y a cubrirlo con coco tostado para darle un toque tropical. O bien, pruebe a mezclar trozos de plátano y ½ taza de pepitas de chocolate.

8 rebanadas de pan sin gluten

2 cucharadas de margarina no láctea derretida

¾ de taza de harina de besan/garbanzos

1½ tazas de leche no láctea

⅔ taza de azúcar moreno claro

1 cucharadita de canela

1 cucharadita de extracto de vainilla

¼ de taza de pasas u otra fruta seca (opcional)

• Precaliente el horno a 350°F y engrase ligeramente un molde para hornear de 8 × 8 pulgadas.

• Cortar el pan en trozos del tamaño de un bocado y colocarlos uniformemente en la sartén. Rocía el pan con la margarina derretida.

• En un bol pequeño, bata el besan, la leche no láctea, el azúcar moreno, la canela y el extracto de vainilla hasta que no queden grumos en la masa.

• Vierta la mezcla de manera uniforme sobre el pan hasta cubrirlo por completo. Presione suavemente los trozos de pan para sumergirlos completamente en la masa. Espolvorear con las pasas, si se utilizan.

• Hornear de 35 a 40 minutos, o hasta que esté dorado por encima y cocido por el centro. Guarde en un recipiente hermético hasta 1 semana en el refrigerador. Recalentar a 350°F durante 10 minutos antes de servir.

PARFAITS DE CHOCOLATE Y BAYAS

RENDIMIENTO: 4 PARFAITS

Estos deliciosos parfaits son la mezcla perfecta entre lo ácido y lo dulce, con un toque crujiente gracias a los nibs de cacao. Es un regalo encantador para el día de San Valentín, ¡o para cualquier día!

1 taza de frambuesas rojas

2 tazas de fresas, cortadas en rodajas

1 taza de chispas de chocolate no lácteo

349 g de tofu sedoso extrafuerte

1 cucharada de agave

1 cucharadita de extracto de vainilla

½ taza de nibs de cacao

½ taza de crema dulce de anacardos

- Mezclar las frambuesas y las fresas en un bol pequeño.

- Al baño maría, derretir las pepitas de chocolate hasta que estén muy suaves. En un procesador de alimentos, mezcle el tofu sedoso con el agave y el extracto de vainilla. Mientras el procesador de alimentos está girando, rocíe su chocolate derretido hasta que todo esté combinado.

- Montar los parfaits colocando en cuatro vasos elegantes las bayas, los nibs de cacao, el pudín, más bayas y más pudín, y luego cubrir cada vaso con una porción de crema dulce de anacardos.

- Servir frío. Conservar en un recipiente hermético hasta 1 semana en la nevera.

JALEAS, FRUTAS Y SALSAS

BELLINI GELEE
RENDIMIENTO: 4 RACIONES

Este postre con alcohol tiene todo el sabor dulce y crujiente de la bebida para adultos. El agar se utiliza como sustituto de la gelatina en este postre gelificado. Asegúrese de disolver el polvo hasta el final o no cuajará correctamente.

1 taza de melocotones, escaldados y hechos puré, o 1 taza de néctar de melocotón

1 taza de azúcar

3 tazas de Prosecco o Pinot Grigio

1 taza de agua

4 cucharaditas de polvo de agar

• Reúne cuatro copas de vino resistentes o moldes de silicona medianos.

• Bata el puré de melocotones, el azúcar, el Prosecco, el agua y el agar en una cacerola pesada de 2 ó 3 cuartos de galón. Llévelo a ebullición y reduzca inmediatamente el fuego a bajo. Remover regularmente y dejar cocer a fuego lento de 5 a 6 minutos.

• Deje que se enfríe ligeramente, durante unos 10 minutos, antes de verterlo en copas de vino o champán o en moldes de silicona.

• Si utilizas el molde de silicona, asegúrate de colocar un recipiente más grande y resistente debajo del molde antes de verter el líquido, para garantizar un transporte suave a la nevera.

• Deje que la mezcla se enfríe en la nevera hasta que esté firme, durante al menos 2 horas. Guárdela en un recipiente hermético hasta 1 semana en el frigorífico.

FAUX-GURT DE ARÁNDANOS

RENDIMIENTO: 2 RACIONES

Los arándanos agrios dan a esta delicia un auténtico sabor a yogur sin necesidad de esperar. Acompáñalo de fruta fresca y granola para conseguir un placer irresistible.

1 taza de arándanos frescos

½ taza de azúcar o agave

1 cucharada de agua

1 taza de crema dulce de anacardos

½ taza de crema de coco (de la parte superior de una lata de leche de coco)

• En una cacerola pequeña, a fuego medio-bajo, cocine los arándanos, el azúcar y el agua hasta que los arándanos estén muy blandos, durante unos 10 minutos. Deje que se enfríen brevemente y, a continuación, bátalos en una batidora junto con la crema de anacardos y la crema de coco hasta que queden esponjosos. Verter en un tarro y enfriar; la mezcla se espesará ligeramente al enfriarse. Guárdela en un recipiente hermético hasta 1 semana en el frigorífico.

PERAS ASADAS CON CARAMELO

RENDIMIENTO: 4 RACIONES

Esta es una receta sencilla, pero llena de sabor complejo.

4 peras rojas, peladas pero con los tallos intactos

⅓ taza de agave

⅓ de taza de azúcar moreno o de coco

2 cucharadas de margarina no láctea derretida

⅓ taza de leche de coco en lata

• Precalentar el horno a 400°F.
Cortar con cuidado la parte inferior de las peras en sentido recto sólo para eliminar el nódulo de la parte inferior, de modo que se mantengan fácilmente en una pequeña fuente de gres o de metal para hornear.

• En un bol pequeño, mezcle el agave, el azúcar moreno, la margarina y la leche de coco. Rocíe generosamente las peras y deje que el resto caiga en el fondo de la fuente de horno. Hornee en el horno precalentado de 25 a 30 minutos, parando para rociar con la salsa de caramelo cada 5 minutos aproximadamente, hasta que las peras estén tiernas y ligeramente doradas.

• Pasar con cuidado, con una espátula metálica plana, a un platito o a un plato de labios con la salsa rociada sobre las peras. Servir inmediatamente. Guarde las sobras en un recipiente hermético en la nevera hasta 2 días.

ARROZ PEGAJOSO DE MANGO TAILANDÉS

RENDIMIENTO: 2 RACIONES

Una de mis partes favoritas de visitar un restaurante tailandés es disfrutar del Arroz Pegajoso de Mango cuando los mangos están en temporada. Por suerte, esta adictiva delicia se puede preparar en casa. Para hacer esta receta, es importante buscar arroz "glutinoso", que suele venderse como arroz "de grano corto" o "pegajoso", lo que se refiere a la pegajosidad del arroz, no al gluten.

1 taza de arroz glutinoso de grano corto

1½ tazas de leche de coco entera en lata

1 taza de agua

3 cucharadas de azúcar

Una pizca de sal

1 mango, pelado y cortado en tiras

SALSA

½ taza de leche de coco entera en lata

1½ cucharadas de azúcar

1 cucharadita de almidón de maíz

2 cucharaditas de agua

Una pizca de sal

• Remojar 1 taza de arroz en 3 tazas de agua durante 1 hora. Escurrir y enjuagar el arroz y ponerlo en una cacerola con tapa hermética. Añadir la leche de coco, el agua, el azúcar y la sal, y llevar a ebullición a fuego medio-alto. Una vez que empiece a hervir, reducir inmediatamente la temperatura a baja, remover, tapar y cocer a fuego lento durante unos 20 minutos, o hasta que se haya absorbido todo el líquido y el arroz esté tierno.

• Para hacer la salsa, en una cacerola pequeña, combinar la leche de coco con el azúcar. En un tazón pequeño, bata la maicena y el agua hasta que quede suave. Bata la mezcla de maicena y la sal en la mezcla de leche de coco y cocine a fuego medio, removiendo constantemente, hasta que espese.

• Emplatar colocando un pequeño montículo de arroz cocido en un bol, junto con los mangos cortados en rodajas, y cubrir con la salsa de coco. Servir inmediatamente.

CAQUIS ASADOS

RENDIMIENTO: 6 RACIONES

Si no ha probado nunca los caquis, está de enhorabuena. Este sencillo plato muestra la suave textura y el sabor casi a melocotón de esta fruta. Busque caquis entre los meses de octubre y febrero. Los caquis maduros tendrán una piel anaranjada y brillante y serán suaves al tacto. No hay que intentar comer un caqui que no esté maduro, ya que su sabor será extremadamente calcáreo y desagradable. Una buena prueba de madurez es el cáliz, o mechón central de la parte superior de la fruta: permanecerá intacto hasta que esté maduro; una vez maduro, se puede extraer fácilmente de la fruta. Para acelerar la maduración, colóquelo en una bolsa de papel en un lugar seco.

3 caquis maduros, de cualquier variedad

2 cucharadas de agave

1 cucharadita de extracto de vainilla

½ cucharadita de zumo de limón

- Precalentar el horno a la parrilla.

- Cortar los caquis por la mitad horizontalmente y colocar cada uno, con la parte central hacia arriba, de manera que encajen bien en una fuente de cerámica o metal para hornear. En un bol pequeño, bata el agave, el extracto de vainilla y el zumo de limón y, a continuación, aplique la mezcla con un pincel sobre la parte superior de las mitades de caqui.

- Asar de 8 a 10 minutos, girando la sartén al menos una vez durante la cocción para que las frutas se doren uniformemente. Vigilarlas para que no se quemen, y asarlas justo hasta que se doren uniformemente. Acompañar con el Soft Serve de Vainilla o el Mascarpone. Servir inmediatamente.

MANZANAS COCIDAS
RENDIMIENTO: 6 RACIONES

Una delicia cálida y bienvenida al otoño, son rápidas de hacer y divertidas de comer. Me gusta pelar las manzanas para dejar una franja de cáscara para darles color. Esto funciona especialmente bien con las manzanas rojas, pero las verdes también son bonitas.

6 manzanas firmes y ácidas, como Gala, Granny Smith o Honeycrisp

RELLENO

⅔ de taza de nueces trituradas (trituradas en el procesador de alimentos hasta que se desmenucen)

⅔ taza de avena certificada sin gluten

2 cucharadas de aceite de coco

2½ cucharadas de azúcar de palma de coco

¼ de cucharadita de cardamomo

½ cucharadita de canela

Una pizca de sal marina

½ taza de pasas doradas

• Descorazona las manzanas asegurándote de dejar la parte inferior intacta. La forma más fácil de hacerlo es comenzar con un descorazonador de manzanas y luego utilizar un pequeño cuchillo de pelar o un pelador de verduras para sacar una cavidad más grande para contener el relleno.

• A continuación, pelar las manzanas. Pélelas sólo hasta la mitad, haciendo un diseño en forma de remolino con la piel restante.

• En un bol pequeño, combinar los ingredientes del relleno con una cuchara hasta que estén muy bien mezclados. Rellenar las manzanas con el relleno, repartiendo uniformemente entre las seis manzanas.

• Precaliente el horno a 375°F y coloque las manzanas individualmente en un molde para muffins de tamaño grande. Añade 1 cucharada de agua en el fondo de cada molde y cúbrelo con papel de aluminio. Hornee las manzanas de 35 a 40 minutos, o hasta que estén tiernas; no las cocine demasiado o se desharán.

• Dejar enfriar brevemente y servir.

COMPOTA DE CEREZA Y VAINILLA
RENDIMIENTO: 2 CUPS

Esta receta es un condimento delicioso y se puede utilizar tanto en combinaciones dulces como saladas. Me encanta la Sopa de Chocolate con una porción de esta compota en el centro, junto con un toque de Crema de Coco Batida Azucarada.

2½ tazas de cerezas sin hueso

¼ de taza de azúcar de palma de coco

1 vaina de vainilla o 2 cucharaditas de extracto de vainilla

1 cucharada de brandy o ron

• En una cacerola pesada de 2 cuartos de galón, combine todos los ingredientes y, a fuego medio, llévelos a ebullición, removiendo a menudo. Reduzca el fuego a medio-bajo y cocine durante unos 10 minutos, hasta que las cerezas estén blandas.

• Colar las cerezas, reservando el líquido. Vuelva a verter el líquido en la cacerola y cocine a fuego medio-bajo hasta que la salsa se espese, removiendo de vez en cuando, durante unos 15 a 20 minutos. Vuelva a poner las cerezas en el almíbar y sírvalas calientes. Guárdelo en un recipiente hermético hasta 1 semana en el frigorífico.

MERMELADA DE ARÁNDANOS Y LAVANDA

RENDIMIENTO: 2½ CUPS

A mí me encanta mezclarlo con un yogur natural no lácteo o con un pudín de chía, e incluso funciona bien como cobertura de una tarta de queso.

1½ tazas de azúcar

2 cucharadas de brotes de lavanda frescos o secos

¼ de taza de agua

6 tazas de arándanos

• En una cacerola pequeña, bata ½ taza de azúcar, los brotes de lavanda y el agua. Cueza a fuego lento durante 2 minutos, hasta que se sienta la fragancia, y luego cuele para eliminar los brotes de lavanda. Transfiera el jarabe de azúcar perfumado junto con los arándanos y el azúcar restante a una cacerola de 2 cuartos.

• Con un pasapurés, aplastar suavemente los arándanos y cocinar a fuego medio durante 15 minutos. Deje que se enfríe completamente antes de transferirlo a los tarros. Guárdelo en tarros cerrados en el frigorífico hasta 1 mes.

El jarabe utilizado para hacer las conservas también es un delicioso complemento para la limonada. Utilice el jarabe en lugar del azúcar y añada zumo de limón y agua al gusto. Guárdelo en un recipiente hermético hasta 1 semana en el frigorífico.

CONSERVAS DE FRESA

RENDIMIENTO: 2½ CUPS

Me encuentro utilizando este tipo de conserva más que ninguna otra para añadir un toque de dulzura o sabor a muchos postres. La cantidad de azúcar en esta receta es esencial para conseguir la consistencia correcta; de lo contrario, el resultado final puede ser muy líquido.

1 libra de fresas

2 tazas de azúcar

2 cucharadas de zumo de limón

• Corta las fresas en rodajas y reserva las verduras para otro uso, como batidos o ensaladas.

• Poner la fruta en una olla y combinarla con el azúcar y el zumo de limón y calentar a fuego lento justo hasta que se disuelva el azúcar. Aumentar la temperatura a fuego medio-alto y llevar la mezcla a ebullición, removiendo constantemente. Calentar hasta que la mezcla registre 220°F en un termómetro para dulces.

• Pasar a frascos esterilizados (un lavado y secado a alta temperatura en el lavavajillas es suficiente) y dejar enfriar a temperatura ambiente. Pasar al congelador o, si se va a consumir inmediatamente, guardar en el frigorífico en un tarro hermético cerrado hasta 2 semanas.

Esta mermelada, al igual que la mermelada de lavanda de arándanos y la compota de vainilla de cerezas, se puede procesar al baño María en lugar de transferirla al congelador.

COMPOTA DE MANZANA RÁPIDA Y FÁCIL

RENDIMIENTO: 6 CUPS

La compota de manzana es tan fácil de hacer que deberías probarla si nunca lo has hecho. Te preguntarás por qué ha tardado tanto en hacerse.

10 manzanas Granny Smith medianas, peladas, sin corazón y cortadas en rodajas (unas 11 tazas)

¼ de taza de azúcar (opcional)

½ taza de sidra de manzana (o agua)

2 cucharaditas de zumo de limón

• En el bol de una olla grande de cocción lenta, mezcle las manzanas y el azúcar. Mezclar la sidra de manzana y el zumo de limón y rociar las manzanas. Tapar y cocinar a temperatura alta durante 3 horas, hasta que estén muy blandas, removiendo de vez en cuando. Alternativamente, cocine durante 6 horas a baja temperatura hasta que estén muy blandas y se transformen completamente en puré de manzana. Guardar en un recipiente hermético hasta 1 semana en el frigorífico.

Capítulo 4

CHOCOLATES SELECTOS Y CARAMELOS DANDY

Cualquier antojo de caramelo puede satisfacerse fácilmente en casa una vez que se adquiere la destreza en la elaboración de caramelos; todo lo que se necesita es un poco de paciencia y práctica para obtener resultados que superan con creces los comprados en la tienda. Además, ¡puedes personalizarlos! Llevo haciendo caramelos desde que era lo suficientemente alta como para usar la estufa; así que si nunca has hecho caramelos antes, no te sientas intimidado: ¡hasta un niño puede hacerlo! En este capítulo encontrarás recetas de todo tipo, desde caramelos duros hasta golosinas de chocolate y caramelos pegajosos.

FUNDAMENTOS DE LA FABRICACIÓN DE CARAMELOS

El mejor consejo que puedo dar para hacer caramelos es tener todos los ingredientes listos antes de empezar, y asegurarse de leer las instrucciones de la receta de caramelos al menos tres veces antes de empezar, hasta que se tenga una idea clara de cómo funcionará la receta. Lo difícil de hacer caramelos es que todo sucede muy rápido una vez que el azúcar alcanza la temperatura adecuada, así que hay que estar preparado.

En las siguientes recetas, asegúrese de seguir los pasos con precisión. Recomiendo un termómetro para caramelos (calibrado) para las recetas que lo requieran, pero, si no tienes uno, siempre puedes utilizar el método del agua fría. De hecho, así es como aprendí a hacer caramelos, así que, de nuevo, es un método muy fácil que sólo requiere un poco de práctica para dominarlo.

MÉTODO DE AGUA FRÍA

Coloca una taza de agua helada junto al cazo que contiene la mezcla de caramelos. Compruebe si el caramelo está listo dejando caer más o menos una cucharadita del sirope caliente en el agua fría. Siga las pautas de temperatura que se indican a continuación, que describen las propiedades del caramelo en cada etapa de cocción

Etapa de bolas blandas

235°F-240°F

Una bola blanda y flexible que se aplana al sacarla del agua.

Etapa de bola firme

245°F-250°F

Una bola firme que mantendrá su forma al sacarla del agua, pero que es maleable.

Etapa de pelota dura

250°F-265°F

Una pelota firme que es un poco más difícil de cambiar la forma, pero posible.

Etapa de grietas blandas

270°F-290°F

Los hilos flexibles se formarán al caer en agua helada.

Etapa de la grieta dura

300°F-310°F

Esta es la etapa más caliente de la mayoría de las recetas de caramelos, así que asegúrese de dejar que el jarabe caído se enfríe completamente en el agua antes de tocarlo en esta etapa. Cuando el azúcar caiga en el agua fría, se formarán hilos duros y quebradizos.

LAVADO

Cuando cocine el azúcar para convertirlo en caramelo, asegúrese de limpiar los cristales de azúcar de las paredes del recipiente a medida que avanza. Puede hacerlo simplemente con un cepillo de silicona sumergido en un chorro de agua. Basta con cepillar ligeramente los cristales, tantas veces como sea necesario, hasta que se disuelvan todos los cristales. Esto es importante, ya que un solo cristal de azúcar puede provocar la recristalización, arruinando todo el lote de caramelos. Tenga siempre a mano un cepillo de silicona o de cerdas para limpiar las paredes del cazo.

SAUCEPAN

Al hacer caramelos, es importante utilizar una cacerola de buena calidad para distribuir mejor el calor. Un cazo demasiado fino puede provocar quemaduras y otras cosas desagradables. Sin embargo, no es necesario gastar mucho dinero; una de mis ollas favoritas para hacer caramelos es una vieja cacerola Revere Ware de 3 cuartos de galón con la que aprendí a hacer caramelos cuando era niño. Todavía me sirve. Recomiendo una olla de 2 o 3 cuartos para todas las recetas mencionadas, a menos que se especifique lo contrario. Además, asegúrese de que los lados del molde sean rectos, para que pueda obtener una lectura precisa en su termómetro.

FUNDAMENTOS DEL CHOCOLATE

ELEGIR UN CHOCOLATE DE CALIDAD

Cuando se pasea por las tiendas de alimentación especializadas o por las tiendas de hobbies, se dará cuenta de que hay básicamente dos tipos diferentes de chocolate entre los que elegir: el de cobertura y el de trozos para hornear, como el de Ghirardelli. La cobertura es un chocolate de muy alta calidad que contiene más manteca de cacao. Es posible que no pueda encontrar una cobertura de buena calidad en un supermercado, pero búsquela en tiendas de alimentación especializadas, tiendas de artesanía o incluso en Internet. Amazon tiene una buena selección de couverture sin leche a precios excelentes.

La principal diferencia entre la cobertura y las pepitas para hornear es el resultado final del chocolate. La cobertura da lugar a una textura brillante (como la de los chocolates de las chocolaterías y pastelerías), mientras que las pepitas de chocolate -cuando se utilizan para recubrir- suelen tener una textura más blanda que es mejor conservar en el frigorífico. Además, nunca es brillante. Utilizar ambos tipos de chocolate tiene sus ventajas, y le dejaré que decida qué tipo de chocolate elige para hacer bombones y otros dulces. Pero la calidad cuenta, así que, independientemente de que decida atemperar o no, asegúrese de buscar el chocolate de mejor sabor y mayor calidad que pueda permitirse cuando haga chocolate (hablaremos del atemperado más adelante).

En cuanto a la cobertura, la mayoría de los chocolates de más del 55% no contienen lácteos, por lo que son aptos para los veganos. Me gustan las marcas Guittard y Barry-Callebaut. Coppeneur Alemania es una gran marca sin soja.

Técnicamente, también existe una variedad de chocolate para fundir o sumergir, que a veces se vende como "Candy Melts". Estos suelen estar hechos con aditivos extraños y productos lácteos, por lo que es mejor evitarlos de todos modos, pero tampoco están hechos con manteca de cacao y, por lo tanto, no son verdadero chocolate.

TEMPLAR EL CHOCOLATE 101

Si bien es sencillo recubrir caramelos y otros dulces con trozos de chocolate fundido, lo que da lugar a una capa de chocolate uniforme y suave, el atemperado es el proceso que da al chocolate endurecido el típico chasquido y brillo de los chocolates profesionales. Atemperar el chocolate puede parecer desalentador, sobre todo si nunca ha oído hablar de ello, pero le aseguro que, como todo, con un poco de práctica, pronto tendrá resultados perfectos. Antes de intentar atemperar el chocolate, debe reunir algunos ingredientes y herramientas necesarios:

1. Chocolate de cobertura de alta calidad

2. Una caldera doble/baño maría o un recipiente de acero inoxidable y una cacerola que haga las veces de caldera doble

3. Un termómetro para chocolate. Asegúrese de buscar un termómetro hecho para el chocolate, o uno que alcance una temperatura de al menos 80 °F con precisión y que mida en pequeños incrementos.

4. Paciencia y persistencia

5. Moldes de chocolate (y guantes de chocolate)

La primera vez que empiece a atemperar, puede sentirse nervioso; tenga la seguridad de que siempre puede dejar que el chocolate se enfríe y volver a empezar si lo ha estropeado. Además, una vez que consiga atemperar el chocolate, sentirá una gran satisfacción. El magnífico brillo y la firmeza del chocolate atemperado bien merecen el esfuerzo adicional, que es sobre todo tiempo de espera.

Para atemperar, siga estas instrucciones, asegurándose de no dejar nunca agua cerca o alrededor del chocolate. Si el agua entra en contacto con el chocolate, éste se estropeará -incluso la más mínima cantidad- y no podrá atemperarlo nunca. También recomiendo utilizar un bol de acero inoxidable para atemperar en lugar de uno de gres o de vidrio, ya que este último tiende a retener el calor durante más tiempo, lo que puede ser problemático para atemperar.

Además, tenga en cuenta que las diferentes marcas de cobertura y porcentajes de cacao pueden tener y tendrán diferentes temperaturas de templado. Las instrucciones que aparecen a continuación son una pauta general para el chocolate negro, con un contenido de cacao de entre el 61 y el 66 por ciento.

1. A fuego medio-bajo, calentar de 2 a 3 cm de agua al baño maría. Coloque la cantidad necesaria de cobertura (picada o en monedas, no la ralle) en el bol de la caldera doble mientras el agua aún está fría, asegurándose de que no caiga nada de agua sobre la cobertura. Derretir el chocolate completamente, removiendo de vez en cuando y calentar a 115-120°F.

2. Retirar del fuego y dejar que se enfríe a unos 82°F, removiendo de vez en cuando. Una vez que esté a esa temperatura, vierta aproximadamente una cucharadita de chocolate sólido ya templado (unas 3 monedas de la bolsa de chocolate que esté utilizando) en la cobertura derretida. Remueva mucho. Esto se llama "sembrar".

3. Coloque el recipiente de la caldera doble de nuevo en el fuego medio-bajo y caliéntelo sin dejar de remover, hasta que la temperatura del chocolate aumente a 88- 91°F; una vez en este rango, retírelo del fuego. No deje que supere los 91°F o no se templará. Vigile de cerca el chocolate durante este paso, ya que se recalienta rápidamente.

4. Voilà! Ya tiene el chocolate templado. Si queda alguna "semilla" de chocolate, retírela antes de bañar, recubrir o moldear. Una vez que el chocolate esté templado, debería cuajar rápidamente (unos 20 minutos) a temperatura ambiente y parecerá brillante y "chasqueante" al morderlo. Utilícelo en moldes o para recubrir caramelos, como los Buttery Fingers o para recubrir las Salted Espresso Truffles. No coloque el chocolate en el frigorífico, ya que provocará "bloom", es decir, vetas blancas en el chocolate que se forman al separarse la manteca de cacao.

CARAMELOS CLÁSICOS

PIRULETAS O CARAMELOS DUROS

RENDIMIENTO: 20 CARAMELOS

¿Has pensado alguna vez en hacer tus propias piruletas? Si no es así, ¡ahora es el momento! Son facilísimas y puedes controlar completamente el sabor. Un viaje a una tienda de manualidades o de caramelos y tendrás lo necesario para hacer suficientes piruletas para un año. Busca moldes de plástico blanco, ya que están hechos específicamente para moldear caramelos duros y soltarlos sin que se rompan.

1 taza de azúcar

½ taza de agua

⅛ cucharadita de cremor tártaro

1 ó 2 gotas de colorante alimentario (opcional)

½ cucharadita de aceite o extracto aromatizado, como el de limón o el de cereza

- Coloca los moldes de plástico (blanco) para caramelos duros en una superficie plana y coloca los palos de piruleta, si los vas a utilizar. Ten los moldes cerca para cuando el azúcar esté listo.

- A fuego medio, en una cacerola de 2 ó 3 cuartos, combine el azúcar, el agua y el cremor tártaro y caliéntelo hasta que hierva, removiendo a menudo mientras se cocina. Asegúrese de cepillar las paredes del cazo con una brocha de pastelería húmeda una vez que los cristales de azúcar se hayan disuelto en su mayor parte. Una vez que la mezcla esté hirviendo, deje de remover.

- Coloque un termómetro de caramelo. Deje que la mezcla se cocine hasta que el termómetro de caramelo alcance los 300 °F (o la etapa de grietas duras utilizando el método de agua fría) o hasta que pase de ser transparente a tener un tono de caramelo muy ligero.

- Trabajando rápidamente, revuelva inmediatamente el colorante alimentario y el aromatizante en la olla. Vierta la mezcla en los moldes de caramelo. Golpee ligeramente el molde sobre una superficie plana para eliminar las burbujas de aire del caramelo, y deje que los caramelos cuajen hasta que estén totalmente endurecidos. Desmoldar y colocar en papel encerado. Guárdelo en un recipiente hermético hasta 1 mes.

En mi opinión, los moldes de silicona son los mejores para hacer caramelos duros. Pero también se pueden utilizar moldes de plástico blanco. Creo que los moldes de plástico para piruletas se desmoldan más fácilmente cuando el caramelo está todavía muy caliente, pero firme.

TEFÉ INGLÉS

RENDIMIENTO: 8 RACIONES

Este crujiente toffee está recubierto de un decadente chocolate negro y coronado con frutos secos tostados. Si eres alérgico a los frutos secos, sustitúyelos por semillas de girasol o de cáñamo tostadas, que estarán igual de deliciosas, o no los utilices. En el caso improbable de que le sobren caramelos, esta receta es una mezcla fabulosa para el helado cuando se tritura y se mezcla después de que el helado se haya batido. O bien, pruébalo en lugar de las chispas de chocolate en las galletas clásicas con chispas de chocolate.

1½ tazas de margarina no láctea

1½ tazas de azúcar

¼ de cucharadita de sal

2 tazas de chispas de chocolate no lácteo

1 taza de nueces (como almendras o pacanas), tostadas y picadas

- Prepara una bandeja para galletas o un molde para rollos con suficiente papel pergamino o un tapete de silicona para cubrirlo.

- Combine la margarina, el azúcar y la sal en una cacerola de 2 cuartos de galón y derrítala suavemente a fuego medio, removiendo a menudo.

- Continúe revolviendo cuando la mezcla llegue a hervir y siga cocinando hasta que la mezcla de caramelo alcance los 300°F en su termómetro para caramelos (durante unos 30 minutos o la etapa de grietas duras si está utilizando el método de agua fría). Vierta inmediatamente la mezcla líquida de caramelo en la superficie

95

preparada y extiéndala hasta que tenga un grosor de ¼ de pulgada. Deje que se enfríe durante unos 3 minutos, o hasta que esté ligeramente firme, y luego coloque cuidadosamente las chispas de chocolate en una capa uniforme sobre el toffee caliente. Deje reposar las virutas durante unos 2 minutos y, a continuación, utilice una espátula de silicona para alisar el chocolate sobre la parte superior del toffee.

- Espolvorear con las nueces y dejar enfriar completamente. Romper en trozos del tamaño de un bocado. Guardar en un recipiente hermético hasta 1 mes.

DEDOS DE MANTEQUILLA

RENDIMIENTO: 8 RACIONES

Estos irresistibles caramelos saben igual que los de la marca comercial, con capas de caramelo de mantequilla de cacahuete adictivamente crujientes envueltas en chocolate cremoso. Por supuesto, están igual de buenos sin el chocolate por fuera... especialmente cuando se desmenuzan y se espolvorean sobre el helado.

1 taza de azúcar

⅓ taza de jarabe de maíz

⅓ taza de agua a temperatura ambiente

1 taza de mantequilla de cacahuete cremosa

1 cucharadita de extracto de vainilla

2 tazas de couverture, atemperada (ver receta)

• Forre una bandeja para hornear de 9 × 13 pulgadas con papel pergamino o tenga listo un tapete de silicona para hornear del mismo tamaño.

• En una cacerola de 2 cuartos de galón, combine el azúcar, el jarabe de maíz y el agua. Llevar a ebullición a fuego medio, removiendo a menudo con una cuchara de madera limpia y lavando los lados con un cepillo de silicona. Una vez que haya hervido, reduzca la agitación ocasionalmente hasta que la mezcla indique 290 °F en un termómetro para caramelos (o la etapa de grietas suaves si se utiliza el método de agua fría).

• Retirar del fuego inmediatamente y mezclar rápidamente la mantequilla de cacahuete y el extracto de vainilla y extenderlo con un grosor de ½ pulgada en la bandeja del horno o en el tapete de silicona para hornear. Haz una ligera hendidura con un cuchillo afilado y rompe en barras de 1 × 2 pulgadas.

• Cubrir con cobertura atemperada y dejar que el caramelo cuaje hasta que el chocolate esté firme, durante 1 o 2 horas aproximadamente. Guardar en un recipiente hermético hasta 1 mes.

Puede sustituir el jarabe de maíz por agave para hacerlo sin maíz, aunque el color del caramelo será más oscuro y puede tener un sabor ligeramente diferente al del caramelo Butter-finger tradicional.

CARAMELO DE NIDO DE ABEJA
RENDIMIENTO: 10 RACIONES

Ya sea que lo llames Hokey Pokey, Puff Candy, Sea Foam, Sponge Candy u otro de sus muchos nombres diferentes y divertidos, este es un dulce especialmente amigable para los niños, y un proyecto divertido para una tarde de lluvia. Deja que los niños te observen mientras añades el bicarbonato de sodio, ya que te espera una sorpresa superdivertida. Necesitarás una olla grande adecuada para cocinar caramelos; el caramelo se vuelve GRANDE cuando añades bicarbonato de sodio, así que asegúrate de que sea bastante espaciosa.

¼ de taza de agua

¼ de taza de agave o jarabe de arce

1 taza de azúcar

¼ de taza de azúcar moreno (oscuro o claro)

2 cucharaditas de bicarbonato de sodio

2 tazas de chocolate de cobertura no lácteo o chips de chocolate no lácteos, derretidos (ver receta)

• Coloque un tapete de silicona en una bandeja para galletas y colóquelo en una superficie plana.

• En una olla se mezclan bien el agua, el agave y los azúcares. No es necesario remover el caramelo mientras se cocina, pero es bueno mezclarlo bien al principio. Enganche el termómetro para caramelos y cocine a fuego medio hasta que el termómetro alcance unos 285°F a 290°F, (o la etapa de grietas blandas usando el método de agua fría) o hasta que el jarabe oscurezca su color.

• Asegúrese de lavar las paredes de la olla con un cepillo de silicona húmedo al principio de las etapas de cocción, para no incorporar ningún cristal de azúcar a la mezcla ya disuelta y cocida.

• Cuando la mezcla haya alcanzado los 285°F, retírela del fuego y añada rápida y cuidadosamente el bicarbonato de sodio. La espuma se multiplicará por cuatro. Revuelve rápida y uniformemente y vierte la mezcla en el tapete de silicona, dejando que se forme una masa sólida. No intente extender la mezcla; déjela reposar hasta que se haya enfriado. Cortar en cuadrados del tamaño de un bocado y cubrir con el chocolate. Guárdelo en un recipiente hermético hasta 1 mes. Si no desea cubrir estos caramelos, deben guardarse inmediatamente en una bolsa de plástico hermética y seca, sin aire (con una pajita, etc.); sin cubrir, el caramelo de nido de abeja se conservará poco tiempo antes de cambiar de textura.

CARAMELOS
RENDIMIENTO: 20 CARAMELOS

¿Hay algo más pecaminosamente delicioso que un caramelo masticable? Estos caramelos pegajosos le harán dar volteretas por su auténtico sabor, sin necesidad de crema espesa o mantequilla.

1 taza de azúcar

1 taza de leche de coco entera en lata

½ taza de jarabe de maíz ligero o agave

¼ de taza de margarina no láctea o aceite de coco

1 cucharadita de extracto de vainilla

• Engrasa una fuente o molde para hornear (o utiliza un molde de silicona antiadherente). Cuanto más pequeña sea la base del molde, más gruesos serán los trozos de caramelo.

• Coloque todos los ingredientes, excepto la margarina y el extracto de vainilla, en una cacerola pesada de 2 o 3 cuartos (asegúrese de que los lados de su cacerola tengan al menos 6 pulgadas de altura porque la mezcla de caramelo hará burbujas).

• A fuego medio, removiendo constantemente con una cuchara de madera, disolver completamente el azúcar. A continuación, añada la margarina y remuévala hasta que hierva. Una vez hirviendo, dejar de remover.

• Deje que la mezcla siga hirviendo, sin remover, hasta que alcance de 245° a 250°F en su termómetro para caramelos (o la etapa de bola firme si está usando el método de agua fría), lo cual toma de 15 a 20 minutos.

• Cuando la mezcla esté a la temperatura adecuada, retírela inmediatamente del fuego y añada el extracto de vainilla. Vierta rápidamente en su plato preparado.

• Deje que se enfríe a temperatura ambiente durante unos minutos y luego métalo en el frigorífico durante una hora aproximadamente. Una vez que esté firme, corta el caramelo en cuadrados. Puedes congelar el caramelo sólo unos minutos justo antes de cortarlo para que sea un poco menos pegajoso de manejar.

* Envuelve los caramelos en papel encerado y guárdalos en la nevera o en un lugar fresco y seco hasta 1 mes.

Para una delicia extra especial, pruebe a cubrir los caramelos firmes con chocolate, ya sea de cobertura atemperada (véase la receta) o con trocitos de chocolate fundido. Asegúrese de que los caramelos estén a temperatura ambiente o más fríos antes de intentar cubrirlos con chocolate y, una vez sumergidos, colóquelos en papel pergamino o encerado. Deje que el chocolate se vuelva a endurecer a temperatura ambiente durante 1 o 2 horas.

CARAMELOS DE GOMA TIRADOS A MANO

RENDIMIENTO: 40 PIEZAS

Te animo a que busques un compañero dispuesto, si tienes uno a mano, para que te ayude a tirar. No sólo es más divertido, sino que también es más fácil para la parte superior del cuerpo.

1 taza de azúcar

1 cucharada de almidón de maíz

½ taza de jarabe de maíz ligero

1 cucharada de margarina no láctea o aceite de coco, y más para las manos al tirar

6 cucharadas de agua

¼ de cucharadita de sal

1 cucharadita de glicerina vegetal (opcional - ver nota)

½ cucharadita de aceite de naranja, aceite de limón u otro extracto aromatizante

• Engrasa un pequeño recipiente de cristal para hornear y reúne un termómetro para dulces y papel encerado. Reservar un poco de margarina o aceite de coco para engrasar las manos mientras se tira.

• Bata el azúcar, la maicena, el jarabe de maíz, la margarina, el agua, la sal y la glicerina, si la utiliza, en una cacerola de 1 cuarto de galón hasta que no queden grumos y caliente a fuego medio. Remover constantemente hasta que la mezcla rompa a hervir.

• Cocine, sin remover, hasta que la mezcla alcance los 265 a 270°F en su termómetro de caramelo (o la etapa de grietas suaves si utiliza el método de agua fría) y luego retire inmediatamente del fuego y agregue el saborizante.

• Vierte el caramelo líquido en la fuente de horno engrasada y deja que se enfríe durante unos 10 minutos, o hasta que sea fácil de manejar. Una vez que sepas que no te vas a quemar, engrasa tus manos (muy limpias) y coge el taffy y forma un tronco. Empiece a estirar y tirar del caramelo, creando cuerdas y luego doblando y volviendo a tirar para añadir aire al caramelo. Continúe tirando durante unos 15 minutos, hasta que el color se haya aclarado significativamente y se sienta ligero y aireado, como un caramelo. Cortar en trozos del tamaño de un bocado y envolverlos individualmente en papel encerado. Guárdelo en un recipiente hermético hasta 1 mes.

La glicerina de esta receta puede conseguirse en tiendas de suministros para la fabricación de caramelos y en Internet. Es totalmente opcional, pero ayuda a garantizar una textura cremosa y suave para el caramelo.

DELICIA TURCA

RENDIMIENTO: 30 PIEZAS

Las delicias turcas pueden ser el origen de las gominolas, ya que su centro masticable y afrutado sirvió de inspiración para las gominolas cubiertas de caramelo. Este caramelo es fácil de preparar, siempre que tenga todo el equipo y los ingredientes reunidos y listos.

MIX #1

3 tazas de azúcar granulado

½ taza de agave

½ taza de agua

⅛ cucharadita de cremor tártaro

MIX #2

1 taza de almidón de maíz

1 taza de azúcar glas

1 cucharadita de crema de tártaro

2½ tazas de agua

2 gotas de colorante alimentario, de cualquier color

⅛ cucharadita de aceite de limón o naranja, o 1 cucharadita de agua de rosas

½ taza de azúcar glas para espolvorear

¼ de taza de maicena para espolvorear

• Engrasa una fuente de horno de 8 × 8 pulgadas. Ten a mano una hoja de papel transparente para cubrir el caramelo.

• En una cacerola de 2 ó 3 cuartos de galón, combine todos los ingredientes de la Mezcla 1 y llévelos a ebullición a fuego alto. Una vez que la mezcla llegue a hervir, reducir el fuego a medio y seguir cocinando, removiendo a menudo, hasta que la mezcla alcance los 260 °F (o la fase de bola dura utilizando el método del agua fría). Mientras la mezcla se calienta hasta esa temperatura, pase al siguiente paso.

• En una olla, bata los ingredientes de la mezcla n° 2 (excepto el colorante y el aromatizante) hasta que estén completamente homogéneos y cocínelos a fuego medio-alto hasta que hiervan. Una vez que la mezcla hierva, cocine durante unos 2 minutos, o hasta que esté muy espesa. Retirar del fuego.

• Una vez que la mezcla 1 alcance los 260°F, viértala rápidamente en la olla que contiene la mezcla

#2 y remover enérgicamente pero con cuidado hasta que esté bien combinado. Reducir el fuego a medio-bajo y cocinar durante 35 minutos más, removiendo a menudo con una espátula de silicona hasta que la mezcla esté espesa y suave, como la miel batida.

• Añadir las 2 gotas de colorante alimentario y ⅛ cucharadita de aromatizante. Verter en la fuente de horno preparada y cubrir inmediatamente con papel film. Deje que el caramelo se endurezca y se enfríe a temperatura ambiente, durante unos 30 minutos.

• Bata la maicena y el azúcar de repostería y cubra suavemente el cuadrado de caramelo enfriado con la mezcla de azúcar en cada lado. Utilice un cuchillo afilado para cortar el caramelo en cuadrados del tamaño de un bocado. Guárdelo en un recipiente hermético hasta 1 mes.

NESGAS DE AZÚCAR

RENDIMIENTO: 10 NIDOS

Los nidos de azúcar son un complemento muy divertido para la presentación de un postre y no son tan difíciles como parecen. Eso sí, hay que tener cuidado al manipular el almíbar caliente, asegurándose de no mancharse accidentalmente, ¡ya que se *calienta!* Por lo demás, rocía el azúcar a tu antojo para hacer formas y diseños impresionantes. Los cuencos son una bonita presentación para el helado cuando se congelan durante 10 minutos antes de servirlo, o se pueden utilizar como complementos decorativos para las tartas.

2 tazas de azúcar

½ taza de agua

3 cucharadas de agave

• Prepara todo tu espacio de trabajo cubriendo alrededor de la estufa y en el suelo con pergamino, con cuidado de no dejar que ninguno se acerque demasiado al quemador, para que no se incendie. Tenga a mano una hoja de pergamino para colocar los nidos terminados.

• Sobre un trozo de pergamino, voltea un molde para muffins grande o de tamaño estándar para que puedas usar el fondo y el exterior de los vasos como molde y engrasa ligeramente el fondo de los vasos. A mí me gusta el aceite de almendras, pero un spray antiadherente funcionará bien. Coloca el termómetro para caramelos en una cacerola de 2 o 3 cuartos de galón. Ten a tu lado un tazón grande de metal con agua helada para que puedas estar listo para sumergir la olla de jarabe cocido en el tazón para enfriarlo.

• A fuego medio, combina el azúcar, el agua y el agave. Revolviendo de vez en cuando, y cepillando los lados de la sartén con un cepillo de silicona húmedo para eliminar los cristales de azúcar, cocine el jarabe hasta que alcance 310 °F en su termómetro de caramelo y se vuelva de color ámbar oscuro (o la etapa de grietas duras si se utiliza el método de agua fría).

• Retirar inmediatamente del fuego y sumergir la olla en el baño de agua helada. Remover brevemente hasta que se espese y sacar del agua. Con las púas de un batidor de varillas o un tenedor, rocíe con mucho cuidado finos hilos del sirope caliente sobre los moldes de magdalena engrasados y volteados, creando un bonito lío de hilos. Aparte la mezcla de azúcar caliente en una trébede hasta que esté listo para hacer la siguiente tanda de nidos. Tenga cuidado al trabajar con esta mezcla, ya que está muy caliente. Tenga cuidado al manipularla y use guantes de cocina si los tiene.

• Dejar reposar el almíbar rociado durante unos 15 segundos o hasta que esté ligeramente caliente al tacto. Utilice las manos limpias y secas para sacar los nidos de la sartén y doblar y formar el azúcar en forma de nido, o cualquier otra forma deseada, y colocar en otra hoja de pergamino limpia y seca.

• Repetir con el resto de la mezcla de azúcar caliente (la mezcla permanecerá caliente en la olla). Trabaje rápido! El almíbar se enfría rápidamente y querrá cogerlo en su perfecto estado de maleabilidad y frescura al tacto.

• Utilizar inmediatamente para decorar o guardar en un recipiente hermético hasta 1 semana.

MANÍ DE BRIGADA
RENDIMIENTO: 8 RACIONES

Asegúrese de buscar cacahuetes crudos o "españoles" cuando haga esta receta, ya que los cacahuetes se cocinan en la mezcla de caramelo caliente. Si utiliza cacahuetes tostados, los cacahuetes se cocinarán en exceso. Este caramelo funciona bien con otros sabores mezclados. Pruebe con 1 cucharadita de canela o salsa Sriracha para darle un toque divertido.

1 cucharadita de bicarbonato de sodio

Opcional: 1 cucharadita de canela molida, salsa Sriracha u otro aromatizante

1¼ tazas de cacahuetes crudos

1 taza de azúcar

½ taza de jarabe de maíz ligero o agave

¼ de taza de agua

1 cucharada colmada de margarina no láctea o aceite de coco

1 cucharadita de extracto de vainilla

• Engrasar una bandeja para galletas. En un tazón pequeño, mezcle el bicarbonato de sodio y la canela u otra especia, si la utiliza. En un recipiente aparte, medir los cacahuetes.

• En una cacerola de 2 o 3 cuartos, combine el azúcar, el jarabe de maíz, el agua y la margarina. A fuego medio, removiendo de vez en cuando con una cuchara de madera, llevar la mezcla a ebullición. Cuando empiece a hervir, añada los cacahuetes.

• Vuelva a hervir y manténgalo a fuego medio hasta que la mezcla de caramelos alcance los 300°F en su termómetro para caramelos (o la etapa de grietas duras utilizando el método del agua fría).

• Retirar del fuego y añadir la mezcla de bicarbonato y el extracto de vainilla. Si está utilizando aromatizantes adicionales, añádalos ahora. Remover bien y verter en la bandeja de horno engrasada. Espere unos minutos, hasta que el caramelo esté lo suficientemente frío como para manejarlo, y tire suavemente hasta conseguir el grosor deseado.

• Deje que se enfríe por completo y, a continuación, divídalo en trozos individuales. Guárdelo en un recipiente hermético hasta 1 mes.

NOTA DE ALERGIA

Para una versión sin maíz, utilice agave en lugar de jarabe de maíz.

CARAMELO KETTLE CORN
RENDIMIENTO: 5½ CUPS

Es una delicia para servir en Halloween o en cualquier momento. La combinación dulce y salada del kettle corn es difícil de resistir, así que asegúrate de duplicar la receta si la haces para una gran multitud.

5½ tazas de palomitas de maíz, saladas al gusto (aproximadamente ½ taza de granos sin abrir)

2 tazas de azúcar

1 taza de jarabe de maíz ligero o agave

½ taza de margarina no láctea

¼ de taza de sidra de manzana

1 cucharadita de extracto de vainilla

1 cucharadita de vinagre de sidra de manzana

1 taza de chispas de chocolate no lácteo

⅔ taza de almendras laminadas, tostadas

• Asegúrese de que las palomitas de maíz están hechas y apartadas, listas para su uso en un bol grande. Ten cerca un termómetro de caramelo y una cuchara de madera.

• Engrasar una bandeja para galletas de 9 × 13 pulgadas.

• En una cacerola pesada, de al menos 8 pulgadas de profundidad, combinar el azúcar, el jarabe de maíz, la margarina y la sidra de manzana. A fuego medio, llevar la mezcla a ebullición, removiendo de vez en cuando. Continúe cocinando a fuego medio y revolviendo regularmente con una cuchara de madera hasta que su termómetro para caramelos marque 300°F (o la etapa de grietas duras si utiliza el método de agua fría). Esto lleva un tiempo. La paciencia vale la pena, así que no se apresure y retire el caramelo del fuego antes de que llegue a la etapa de grietas duras. Asegúrese de lavar (receta) los lados!

• Retirar la mezcla de caramelo del fuego y añadir rápidamente el extracto de vainilla y el vinagre. Vierta la mezcla de caramelo

110

CALIENTE sobre las palomitas y revuelva rápidamente hasta que se cubran de manera uniforme. Dejar enfriar de 5 a 7 minutos. Extender en una bandeja de horno engrasada y dejar enfriar completamente.

• Utilizando una caldera doble, derrita el chocolate hasta que esté suave. Rocíe el chocolate derretido sobre las palomitas confitadas y espolvoree las almendras fileteadas. Dejar que el chocolate se endurezca y luego romperlo en trozos del tamaño de un bocado. Guárdelo en un recipiente hermético en el frigorífico o en un lugar fresco donde el chocolate no se derrita hasta 1 mes.

Para tostar fácilmente las almendras, extiéndalas en una capa uniforme en una bandeja para galletas y hornéelas durante 7 minutos a 375°F, o hasta que estén fragantes.

CARAMELOS DE RUEDA DE MOLINO
RENDIMIENTO: 20 PIEZAS

Hay muchas especulaciones sobre los orígenes de este dulce, que van desde los alemanes, a los irlandeses, a los holandeses de Pensilvania, hasta el producto del ingenio durante la Gran Depresión, cuando sólo había ingredientes limitados para trabajar, lo que puede ser la razón por la que las patatas son un ingrediente clave aquí. Aunque normalmente no se piensa en las patatas como alimento de postre, ¡realmente funcionan muy bien en esta receta! Recomiendo utilizar una variedad Yukon Gold o similar; si se opta por la russet, es posible que se necesite un poco más de leche no láctea para que quede suave.

1 patata grande de tamaño medio o bajo en almidón, pelada, triturada y ligeramente salada

¼ de taza de leche no láctea

1 cucharadita de extracto de vainilla

½ cucharadita de sal

2 libras (unas 6 tazas) de azúcar de repostería (o suficiente para hacer una masa dura)

Aproximadamente 1 taza de mantequilla de avellana con chocolate (como la marca Justin's)

• En un cuenco grande, combinar el puré de patatas, la leche no láctea, el extracto de vainilla y la sal marina hasta que quede suave. Incorporar gradualmente el azúcar de repostería hasta que se forme una masa dura. Puede necesitar un poco más o un poco menos de azúcar dependiendo del nivel de humedad de su puré de patatas.

• Formar la masa en una hamburguesa grande y refrigerar durante al menos 2 horas. Coloque la masa refrigerada entre dos hojas de papel plástico y extiéndala hasta formar un rectángulo de aproximadamente ½ pulgada de grosor. Unte generosamente la mantequilla de avellana y chocolate hasta que quede cubierta. Usando la pieza inferior del envoltorio de plástico, guíe suavemente la masa en un rollo a lo largo como lo haría con un rollo de gelatina. Cubra con el envoltorio de plástico y enfríe durante una hora más. Una vez enfriada, córtela en secciones de ½ pulgada de ancho y envuélvala en papel encerado, girando cada lado para cerrarla.

• Guardar en la nevera en un recipiente hermético. Se conserva hasta 1 semana.

MENTAS PARA DESPUÉS DE LA CENA

RENDIMIENTO: 80 MENTAS

Estos caramelos de menta son fáciles de preparar pero lo suficientemente impresionantes como para presumir de ellos cuando los sirvas a tus amigos. Llámalos artesanos y verás cómo se les iluminan los ojos.

Tenga en cuenta que puede sustituir el queso crema por crema de anacardos dulce, sólo tiene que añadir un poco más de azúcar glas hasta que alcance la consistencia correcta.

8 onzas de queso crema no lácteo

1 cucharada de margarina no láctea

2 gotas de extracto/aceite de menta puro

Pasta de colorante alimentario (utilice sin maíz si es necesario)

De 3½ a 4 tazas de azúcar glas, más un poco de azúcar para espolvorear (si es necesario, utilice azúcar sin azúcar)

• Mezclar el queso crema, la margarina, el aceite de menta y el colorante alimentario con un batidor hasta que quede suave. Añade poco a poco el azúcar de repostería, aproximadamente ½ taza cada vez, hasta que se forme una masa rígida, parecida a la plastilina.

• Formar un disco y extenderlo entre dos hojas de papel pergamino. Corta con un cortador de galletas muy pequeño (o utiliza un cuchillo/cortador de pizza para cortar en cuadrados) en las formas deseadas y luego colócalas en una bandeja para galletas que quepa en tu nevera. Enfría durante 1 hora y luego pásalo a un recipiente de plástico resellable para guardarlo hasta 1 mes en la nevera. También se congelan bien y se pueden descongelar en la nevera hasta el momento de comerlas.

MARZIPAN
RENDIMIENTO: 10 RACIONES

El mazapán, que se vende en pequeños tubos en tiendas especializadas o en el pasillo de repostería del supermercado de tu barrio, es fácil de hacer en casa, lo que te ahorra tanto dinero como el esfuerzo de encontrar uno que no contenga lácteos, huevos ni gluten, lo que puede ser difícil. Además, las almendras, que son el ingrediente principal, son pequeñas fuentes de energía ricas en calcio, hierro, potasio, magnesio, cobre y zinc.

1 cucharada de harina de linaza

2 cucharadas de agua

3 tazas de harina de almendra blanqueada

1 taza de azúcar glas, más una cantidad extra para el rodillo

Una pizca de sal

• En un tazón pequeño, combine la harina de linaza con el agua y déjela reposar hasta que se espese, durante unos 5 minutos.

• En un procesador de alimentos, mezcle las 3 tazas de harina de almendras hasta que la textura se convierta en algo parecido a una pasta, raspando a menudo los lados y el fondo del bol. La mezcla debe durar entre 7 y 10 minutos hasta que se convierta en una pasta.

• Añadir el azúcar glas y la sal y batir hasta que se desmenuce de nuevo, entre 30 segundos y 1 minuto. Añada aproximadamente la mitad de la harina de linaza preparada mientras el procesador de alimentos está mezclando y continúe añadiendo un poco más hasta que la mezcla se agrupe en una masa. Retirar del procesador de alimentos y formar un cilindro. Extienda la masa con cuidado sobre una superficie cubierta de azúcar glas y envuélvala bien para guardarla. Utilícelo inmediatamente o manténgalo refrigerado hasta 2 semanas.

CHOCOLATE BLANCO SIMPLE

RENDIMIENTO: 8 ONZAS

Esta confección se utiliza mejor para hornear o hacer caramelos, más que para merendar, pero es perfecta para las recetas de este libro que requieren chocolate blanco. Busque la manteca de cacao de mayor calidad alimentaria que pueda encontrar para obtener un sabor de máxima calidad.

8 onzas de mantequilla de cacao de grado alimentario, picada en trozos de ½ pulgada

¼ de taza de leche de soja en polvo

3 cucharadas de agave

⅓ taza de azúcar glasé

⅛ cucharadita de sal

1 cucharadita de extracto de vainilla

• En una caldera doble, a fuego medio-bajo, derretir la mantequilla de cacao hasta que esté completamente licuada. Batir la leche de soja en polvo hasta que se disuelva por completo. Incorporar el agave, el azúcar glas, la sal y el extracto de vainilla y volver a batir hasta que esté bien mezclado y no queden grumos. Verter directamente en un molde de plástico o silicona para chocolate y refrigerar durante 20 minutos hasta que esté sólido. Desmoldar y utilizar como se desee. Guárdelo en un recipiente hermético hasta 1 mes.

NUGGETS DE CHOCOLATE Y ALMENDRAS

RENDIMIENTO: 10 RACIONES

Cuando era niño, una de mis combinaciones de dulces favoritas era simplemente el chocolate con las almendras. Estos bocados son un homenaje a estos dos sabores "hechos el uno para el otro".

½ taza de almendras laminadas

1 taza de chocolate no lácteo

¼ de taza de harina de almendra

• Precaliente el horno a 375°F y extienda las almendras en una bandeja de horno. Hornee durante 7 minutos, o hasta que estén fragantes. Vigilar cuidadosamente para que no se quemen.

• Derretir el chocolate al baño maría hasta que esté totalmente homogéneo. Incorporar la harina de almendras y las almendras tostadas. Colocar en papel encerado o en un tapete de silicona con pequeñas cucharadas. Deje que se endurezca por completo. Guardar en un recipiente hermético hasta 3 semanas.

CORTEZA FÁCIL DE VACACIONES

RENDIMIENTO: 8 RACIONES

Una forma segura de impresionar sin el estrés adicional de las fiestas! Añade tus caramelos favoritos de las fiestas, o sigue la versión tradicional como la que yo hago a continuación. De cualquier manera, terminarás con una delicia lo suficientemente buena como para regalar.

2 tazas de chocolate negro no lácteo, en monedas o chips

2 tazas de chocolate blanco no lácteo, en trozos o en virutas

1 taza de bastones de caramelo triturados (compruebe si los ingredientes contienen gluten o productos de origen animal)

• Ten preparado un molde de silicona de 8 × 8 pulgadas. También puedes usar una bandeja para hornear forrada con papel encerado o papel de aluminio, pero la silicona es mejor.

• Sobre una caldera doble, derrita o atempere (instrucciones) el chocolate negro y distribúyalo uniformemente en el molde de silicona. Coloque el chocolate en el refrigerador para que se endurezca.

• Mientras tanto, prepara el chocolate blanco fundiéndolo al baño María. Dependiendo del tipo de chocolate que utilices, puede ser totalmente líquido o muy espeso. Una vez derretido, extiende o vierte el chocolate blanco sobre el chocolate negro solidificado. Espolvorear con bastones de caramelo triturados. Deje que se endurezca y luego péguelo en trozos. Guardar en un recipiente hermético hasta 1 mes.

HAMBURGUESAS DE CHOCOLATE Y MENTA

RENDIMIENTO: 30 CARAMELOS

Este caramelo lleva el clásico pastel de menta un paso más allá y le infunde un sabor a chocolate extra intenso. Si no puedes encontrar el cacao oscuro en polvo, el cacao en polvo normal funcionará bien. Puedes utilizar una cantidad igual de crema de anacardos dulce en lugar del queso crema vegano para una versión sin soja.

2 tazas de azúcar en polvo

¼ de taza de cacao oscuro en polvo

¼ de taza + 2 cucharadas de queso crema no lácteo

½ cucharadita de sal marina

1 cucharadita de extracto de menta

2 tazas de chocolate semidulce no lácteo

• En un cuenco grande (lo mejor es una batidora eléctrica), mezcle el azúcar glas, el cacao en polvo, el queso crema, la sal y el extracto de menta hasta que quede muy suave. Dividir en dos discos iguales y envolverlos en papel encerado. Enfríe en el frigorífico durante al menos 1 hora, o de 10 a 15 minutos en el congelador.

• Coloque un disco de masa de chocolate entre dos hojas de pergamino y extiéndalo hasta que tenga un grosor de ¼ de pulgada. Utiliza un cortador de galletas redondo de 1½ pulgadas para cortar círculos. Vuelve a colocar los círculos de masa en la nevera y deja que se enfríen mientras derrites el chocolate.

• Sobre una caldera doble a fuego medio-bajo, derrita el chocolate hasta que esté brillante y suave, o atempere según las instrucciones de atemperado. Cubrir los discos de masa enfriada pintando sobre el chocolate con un pincel de repostería. Colóquelos con cuidado en una rejilla forrada con papel encerado para que se enfríen. Deje reposar hasta que el chocolate esté firme. Guárdelo en el frigorífico en un recipiente hermético hasta 1 mes.

BARRAS DE CARAMELO DE DOBLE CHOCOLATE
RENDIMIENTO: UNAS 4 BARRAS DE CARAMELO

Estas barras de caramelo están rellenas de un irresistible relleno de chocolate y caramelo que sólo pide un bocado más. Estas barras de caramelo de tamaño normal pueden convertirse en pequeños caramelos de chocolate utilizando un molde más pequeño. ¿Busca un sabor más ligero? Pruebe estas barritas con trocitos de chocolate blanco en el relleno en lugar de las tres cucharadas adicionales de chocolate negro.

1 taza más 3 cucharadas de monedas o patatas fritas de cobertura no láctea

2 cucharadas de margarina no láctea o aceite de coco

2½ tazas de malvaviscos veganos, como Dandies o Sweet and Sara

• Siguiendo las instrucciones de atemperado de este libro, atempere una taza de chocolate. Cubra el interior de cuatro moldes de barras de caramelo de tamaño estándar con tres cuartas partes del chocolate. Deje que el chocolate se endurezca por completo durante aproximadamente 1 hora.

• En una cacerola pequeña a fuego medio-bajo, derrita la margarina junto con las 3 cucharadas de monedas de chocolate. Añade los malvaviscos y remueve constantemente hasta que se derritan por completo, durante 1 o 2 minutos.

• Dejar enfriar unos 5 minutos y luego rellenar los moldes de chocolate con el relleno. Cubra con el resto del chocolate atemperado y utilice un borde recto para aplanar completamente. Deje que las barras de caramelo cuajen completamente, durante unas 2 horas, o hasta que se desprendan fácilmente de los moldes. Guárdelas en un lugar fresco y seco, envueltas o sin envolver en un recipiente hermético hasta 1 semana.

HUEVOS CON CREMA

RENDIMIENTO: 10 HUEVOS DE CREMA

Son muy fáciles de hacer, sólo necesitas un buen molde de chocolate (de plástico transparente) y una tarde sin hacer nada. El colorante alimentario no es necesario en esta receta, pero ayuda a crear la auténtica "yema" a la que estamos tan acostumbrados en un huevo de crema.

1 molde de chocolate de plástico con forma de huevo en el que caben veinte mitades de huevo de chocolate

2¼ tazas de chocolate de cobertura, divididas

¼ de taza de jarabe de maíz ligero

2 cucharadas de margarina no láctea, ablandada

1 taza de azúcar glas

1 cucharadita de extracto de vainilla

1 ó 2 gotas de colorante alimentario amarillo

• Sobre una caldera doble, atemperar 2 tazas de chocolate según las instrucciones de atemperado. Cubra el interior de veinte moldes de chocolate de plástico con forma de mitades de huevo. También puede utilizar un molde típico de trufa y cubrir cada cavidad de manera uniforme con chocolate. Deje que el chocolate se endurezca completamente y luego haga el relleno.

• Para hacer el relleno, en un bol pequeño bata el jarabe de maíz, la margarina, el azúcar glas y el extracto de vainilla hasta que quede muy suave. Transfiera una cuarta parte del relleno a un bol aparte y añada el colorante alimentario amarillo.

• Saca las formas de huevo del molde.

• Llena diez de las cavidades de los huevos de chocolate hasta dos tercios de su capacidad con el relleno blanco y, a continuación, deja caer un punto central de fondant amarillo en el centro del blanco hasta llenarlo casi por completo, dejando un poco de espacio en la parte superior para que el fondant no rebose. Atempera ¼ de taza del chocolate restante y pega el chocolate sólo en los bordes de uno de los huevos; úsalo para pegar cada mitad de los huevos, uno relleno y otro hueco. Dejar que el chocolate se endurezca por completo. Guárdelo en un lugar fresco y seco hasta 3 semanas.

TRUFAS Y CARAMELOS

TRUFAS DE ESPRESSO SALADO

RENDIMIENTO: 36 TRUFAS

Se especula que la primera trufa de chocolate se originó en Francia, pero hoy en día existen innumerables variedades de innumerables países, lo que la convierte en uno de los chocolates más populares del mundo. El secreto de una trufa perfecta es la proporción: 2 partes de chocolate por 1 parte de crema.

1 taza de chocolate de cobertura o chips de chocolate no lácteos

½ taza de leche de coco entera en lata

⅛ cucharadita de sal marina

1 cucharadita de extracto de vainilla

½ cucharadita de café expreso en polvo

½ taza de cacao en polvo o harina de almendras, para espolvorear

• Al baño maría, derretir la cobertura hasta que esté completamente lisa. Retire el bol del fuego y colóquelo en una superficie apta para el calor.

• En un cazo pequeño, calentar la leche de coco, la sal, el extracto de vainilla y el café expreso en polvo hasta que empiece a hervir a fuego lento y esté obviamente caliente al tacto, pero sin que llegue a hervir.

• Con un batidor de varillas, revuelva suavemente la mezcla de leche de coco calentada en el centro de la cobertura derretida y mezcle suavemente y con cuidado en forma circular hasta que esté completamente mezclada. Transfiera la mezcla a un bol de plástico y cúbrala con papel de plástico.

• Enfriar en la nevera durante 1 o 2 horas, hasta que esté firme.

• Con una cuchara pequeña o redondeada, y con las manos espolvoreadas de chocolate, haga bolas de chocolate de 2,5 cm. Pasar inmediatamente las trufas por el cacao en polvo. Enfriar antes de servir y guardar en un recipiente hermético en la nevera hasta 2 semanas.

TRUFAS DE FRESA Y PISTACHO

RENDIMIENTO: 25 TRUFAS

Qué fantástica combinación de sabores hacen la fresa y el pistacho junto con el chocolate. Siéntase libre de usar conservas de fresa hechas en casa o compradas en la tienda, ambas sabrán igual de divinas.

2 tazas de chispas de chocolate semidulce no lácteo

¼ de taza + 2 cucharadas de leche de coco entera

1 cucharadita de extracto de vainilla

¼ de taza de conservas de fresa

1 taza de pistachos, picados finamente

- En una cacerola a fuego medio-bajo, combinar todos los ingredientes excepto los pistachos.

- Remover constantemente hasta que el chocolate esté completamente derretido y la mezcla esté muy bien combinada.

- Páselo a un bol y enfríelo hasta que sea fácil de hacer una bola, durante unas 2 horas. Un viaje rápido al congelador también les ayudará.

- Con una cuchara de helado de 2,5 cm, forme bolas de chocolate y páselas por los pistachos picados. Colóquelas en un plato o bandeja cubierta de pergamino y enfríelas toda la noche en el frigorífico o hasta que estén firmes. Guárdelo en un recipiente hermético en la nevera hasta 1 mes.

CORDIALES DE CEREZA
RENDIMIENTO: DE 15 A 20 CARAMELOS

Estos caramelos son sencillos de hacer, pero requieren una cobertura templada y moldes de chocolate para que funcionen, ya que el chocolate sin templar es demasiado blando y sin moldes se ensucian los cordiales. Para un rápido repaso de cómo atemperar el chocolate, consulte el apartado de atemperado.

De 15 a 20 cerezas al marrasquino, sin tallos (ver nota)

¼ de taza de brandy

1 taza de cobertura, templada

⅓ taza + 1 cucharada de azúcar glas

3 cucharaditas de zumo de cereza (del tarro de cerezas)

¼ de cucharadita de extracto de vainilla o de almendra

Un molde de chocolate

• Escurrir el líquido de las cerezas al marrasquino, reservarlo y colocar las cerezas en una toalla de papel. Pasar las cerezas a un bol pequeño con el brandy y dejarlas en remojo durante 1 hora. Sáquelas del brandy y póngalas sobre una toalla de papel seca. Deje reposar las cerezas hasta que estén bastante secas al tacto, durante aproximadamente 1 hora.

• Unte el chocolate atemperado en el interior del molde de chocolate para cubrir los lados de manera uniforme. Deje que el chocolate se endurezca por completo. Coloque una cereza en cada cavidad.

• Mezclar el azúcar glas, el zumo de cereza y el extracto de vainilla y verter una pequeña cantidad (sólo para rellenar) sobre las cerezas. Cubrir con chocolate atemperado y dejar reposar hasta que el chocolate se haya endurecido por completo. Guardar en un recipiente hermético hasta 1 semana.

NOTA DE ALERGIA

Utilice extracto de vainilla en lugar de almendra para obtener un caramelo sin frutos secos.

También puede omitir el relleno de fondant y sumergir las cerezas empapadas en brandy directamente en la cobertura templada. Esto funciona especialmente bien si se dejan los tallos de las cerezas. Sólo hay que sumergirlas y colocarlas en papel encerado para que se endurezcan.

BUCKEYES

RENDIMIENTO: 30 BUCKETS

Se pueden utilizar chips de chocolate con estos o couverture. Nacido y criado en Ohio, tiendo a pensar que el método de las chispas de chocolate es más auténtico, pero, hay que reconocerlo, la cobertura es definitivamente más glamurosa y añade una bonita cáscara a la capa exterior. Al sumergirlos, asegúrese de dejar un poco de mantequilla de cacahuete al descubierto (aproximadamente ½ pulgada de diámetro) para que los caramelos parezcan auténticos buckeyes.

1½ tazas de mantequilla de cacahuete suave

1 taza de margarina no láctea, ablandada a temperatura ambiente

2 cucharaditas de extracto de vainilla

¼ de cucharadita de sal

5¾ a 6 tazas de azúcar glas

3 tazas de chispas de chocolate no lácteo o couverture

- Forrar una bandeja para galletas de 9 × 13 pulgadas con papel encerado.

- Mezclar la mantequilla de cacahuete y la margarina hasta que esté súper suave.

- Añadir el extracto de vainilla y la sal.

- Con la batidora eléctrica, incorpore lentamente el azúcar de repostería hasta que se formen pequeñas migas. La mezcla debe pasar de ser muy cremosa a parecer masa de galletas seca pulverizada y muy desmenuzada.

- Tomar una o dos pizcas de polvo/masa y, con las manos, trabajar para formar bolas de una pulgada. Si parecen desiguales, sigue trabajándolas con las manos hasta que sean suaves y esféricas.

- Coloque cada una en una bandeja de galletas e inserte un palillo en el centro. Golpea suavemente alrededor del palillo para "sellarlo" en la bola de mantequilla de cacahuete.

- Enfríe en el congelador durante unos 40 minutos, o hasta que esté bien firme. Esto evita que los palillos se deslicen al sumergirlos.

- Utilizando una caldera doble, derrite el chocolate hasta que esté suave o sigue las instrucciones para atemperarlo. Saca las bolas de mantequilla de cacahuete del congelador y mételas con cuidado en el chocolate, teniendo cuidado de que no se salga el palillo. Colócalas en papel encerado y repite la operación hasta cubrirlas todas.

- Dejar reposar a temperatura ambiente hasta que el chocolate se haya endurecido. Retire los palillos y selle el pequeño agujero del centro con el dorso de una cuchara o con la punta de los dedos. Guárdelo en un recipiente hermético hasta 1 mes.

CARAMELO OSCURO Y DE ENSUEÑO

RENDIMIENTO: 64 PIEZAS

Súper rico y extra de ensueño, este caramelo se disfruta mejor en trozos pequeños para que pueda saborear el intenso sabor. Si le gusta un poco de crujido en su caramelo, simplemente añada 1 taza de trozos de nueces tostadas al caramelo antes de extenderlo en un molde preparado, o espolvoréelo por encima.

½ taza de azúcar

1 cucharadita de extracto de vainilla

2 cucharadas de leche no láctea

2 cucharadas de margarina no láctea

10 onzas de crema Ricemellow (malvavisco vegano)

3 tazas de chispas de chocolate no lácteo

• Prepare un molde de 8 × 8 pulgadas engrasándolo ligeramente con margarina no láctea.

• En una cacerola de 2 cuartos de galón, combine el azúcar, el extracto de vainilla, la leche no láctea y la margarina y lleve a ebullición a fuego medio. Cocine durante 1 minuto, removiendo a menudo. Incorpore la crema Ricemellow y caliéntela hasta que esté tibia y se haya combinado uniformemente con la mezcla de azúcar, durante unos 4 minutos.

• Incorpore rápidamente las pepitas de chocolate hasta que se hayan derretido por completo y vierta la mezcla en el molde preparado. Deje que se enfríe por completo y, a continuación, póngalo a enfriar en el frigorífico durante al menos 2 horas antes de cortarlo. Guárdelo en un recipiente hermético en el frigorífico hasta 1 mes.

CARAMELO DE MANTEQUILLA DE CACAHUETE

RENDIMIENTO: 20 PIEZAS

Esta es una opción perfecta para cuando se te antoja un dulce, pero no tienes un termómetro para dulces a mano. Trabajar rápidamente es una parte importante de la elaboración de este dulce, así que asegúrate de tener todos los ingredientes y el equipo listos antes de empezar.

½ taza de margarina no láctea

2 tazas de azúcar moreno

½ taza de leche no láctea

1 taza de mantequilla de cacahuete cremosa

1½ cucharaditas de extracto de vainilla

3 tazas de azúcar en polvo

1½ tazas de chispas de chocolate no lácteo

• Engrasar ligeramente un molde para pan de tamaño estándar o un pequeño molde cuadrado para pasteles.

• En una cacerola de 2 cuartos, a fuego medio, calentar la margarina hasta que se derrita. Añada el azúcar moreno y la leche no láctea y cocine a fuego medio hasta que la mezcla rompa a hervir (durante unos 2 o 3 minutos).

• Una vez que rompa a hervir, programe el temporizador para 2 minutos exactos. Siga cocinando a fuego medio, removiendo durante toda la cocción, eliminando los cristales de azúcar según sea necesario.

• Después de 2 minutos, retire del fuego y añada rápidamente la mantequilla de cacahuete y el extracto de vainilla, y enseguida añada el azúcar glas, mezclando brevemente hasta que todo el azúcar se haya incorporado.

• Extienda el caramelo grueso en el molde preparado y espere a que cuaje ligeramente.

• Una vez que el dulce se haya enfriado un poco, derrite las chispas de chocolate al baño maría y rocía todo el dulce. Deja que el chocolate se vuelva a endurecer y sírvelo. Guárdalo en un recipiente hermético hasta 2 semanas.

CARAMELOS A BASE DE FRUTAS

CIRUELAS DE AZÚCAR

RENDIMIENTO: 24 CIRUELAS DE AZÚCAR

Estas pequeñas joyas se han hecho muy conocidas a partir de su importantísimo cameo en el clásico cuento de Navidad y, aunque puedan evocar en su mente imágenes de ciruelas cubiertas de azúcar, en realidad nunca han contenido ninguna ciruela. "Ciruela" solía ser una forma popular de describir cualquier fruta seca, pero las ciruelas de azúcar solían contener una mezcla de dátiles, albaricoques o higos para lograr su dulzura.

1 taza de almendras crudas

1 cucharadita de ralladura de limón o naranja

½ taza de higos secos picados

½ taza de dátiles secos picados

½ cucharadita de canela

¼ de cucharadita de nuez moscada

Una pizca de clavo de olor molido

2 cucharadas de agave

½ taza de azúcar glas para espolvorear

• Precaliente el horno a 400°F y extienda las almendras en una capa uniforme sobre una bandeja de horno. Hornea durante 7 minutos, o hasta que estén fragantes.

• Coloque las almendras, la ralladura, los higos, los dátiles, la canela, la nuez moscada y el clavo en un procesador de alimentos y pulse hasta que se desmenuce. Añada el agave, 1 cucharada cada vez, y vuelva a pulsar hasta que la mezcla se integre fácilmente. Forme bolas de una pulgada y páselas por el azúcar glas. Guárdelo en un recipiente hermético hasta 1 semana.

NOTA DE ALERGIA

Para una variación sin frutos secos, pruebe con semillas de girasol tostadas, semillas de cáñamo o incluso coco en copos en lugar de las almendras.

CÁSCARAS DE NARANJA CONFITADAS
RENDIMIENTO: 3 CUPS

Las cáscaras de naranja confitadas son tan agradables de tener para fines decorativos o para añadir un poco de sabor a un postre, como en mis Florentinas. Esta receta también funciona bien con cáscaras de limón o lima, que añaden una bonita variación de color a la mezcla.

4 naranjas de ombligo

1½ tazas de azúcar

¾ de taza de agua

Una pizca de sal

• Retire la cáscara de las naranjas cortando a través de la cáscara y cortándola en cuartos, sin perforar la fruta. Cortar suavemente la parte superior e inferior de la naranja y luego pelar con cuidado la piel de la naranja, dejando la médula y la fruta. Reserve la médula y la fruta para otro uso (estas naranjas son fantásticas para hacer zumo).

• Coloque una sección de la cáscara plana en un área de corte, con el lado claro hacia arriba. Cortar la cáscara en tiras finas y uniformes, de aproximadamente ¼ de pulgada de ancho.

• Colocar las cáscaras en una cacerola mediana y cubrirlas con 1 pulgada de agua y salarlas muy ligeramente. Hervir durante 20 minutos y escurrir. Colocarlas brevemente en un paño de cocina limpio para que se sequen.

• Escurrir la cacerola y secarla. Colocar las cáscaras escurridas, el azúcar, el agua y la sal en la olla y cocinar a fuego medio. Cocinar hasta que la mezcla alcance los 235°F en un termómetro para caramelos (o la fase de bola blanda si se utiliza el método del agua fría). Extienda una capa uniforme en una bandeja para galletas cubierta con papel encerado o un tapete de silicona. Deje que se endurezca durante 2 horas, y hasta 12 horas antes de transferirlo a un recipiente hermético. Almacenar hasta 1 mes.

JALEAS DE FRUTAS ÁCIDAS

RENDIMIENTO: 30 CARAMELOS

Estos caramelos de gelatina son un poco más suaves que las gominolas tradicionales. En realidad, saben más a bocadillos de fruta hechos para los almuerzos de los niños.

¾ de taza de zumo de uva blanca

⅓ taza de pectina de frutas

½ cucharadita de bicarbonato de sodio

1 taza de azúcar

1 taza de agave

1 ó 2 gotas de colorante alimentario, de cualquier color

¼ de cucharadita de ácido cítrico

⅓ taza de azúcar turbinado

• Forre un molde de 8 × 8 pulgadas con papel de aluminio y rocíe generosamente con spray antiadherente o engrase con margarina.

• En un cazo pequeño, a fuego medio, calentar el zumo de uva, la pectina y el bicarbonato de sodio hasta que hiervan. Una vez hirviendo, reducir el fuego al mínimo, removiendo de vez en cuando.

• En una cacerola de 2 cuartos de galón, bata el azúcar y el agave y cocine a fuego medio, hasta que alcance los 265 °F en un termómetro para caramelos (o la etapa de bola dura si se utiliza el método de agua fría). Asegúrese de remover de vez en cuando mientras se cocina la mezcla y, una vez que el azúcar se disuelva, cepille los lados con una brocha de pastelería húmeda para eliminar los cristales.

• Una vez que la mezcla de azúcar haya alcanzado los 265 °F, añada la mezcla de zumo de uva junto con el tono deseado de colorante alimentario. Se puede separar fácilmente en varios colores vertiendo la mezcla en cuencos separados y coloreando cada uno de un color diferente. Vierta la mezcla en el molde preparado (o en los moldes si va a hacer varios colores) y póngala a enfriar en la nevera durante toda la noche. Sacar de la nevera y cortar en formas utilizando un cortador de galletas muy pequeño. Mezclar el ácido cítrico y el azúcar turbinado en un bol pequeño y sumergir los caramelos cortados para cubrirlos. Guárdelo en el frigorífico en un recipiente hermético hasta 1 mes.

El ácido cítrico, que añade el sabor agrio, se puede encontrar en la mayoría de los supermercados junto a los productos enlatados. Por supuesto, siempre se puede prescindir del ácido cítrico y mantenerlos azucarados.

Capítulo 5

NATURE'S CANDY: GOLOSINAS SIN AZÚCARES REFINADOS

Este capítulo capta la esencia de lo dulce, sin necesidad de ningún edulcorante refinado. En su lugar, he elaborado una serie de recetas que utilizan frutas y otros edulcorantes sin azúcares refinados, como el sirope de arce, el agave y la stevia, y muchas de ellas utilizan frutas enteras, añadiendo algunos nutrientes clave por si acaso. Estos postres son especialmente buenos para los más pequeños que pueden tener antojo de algo extra dulce, pero no necesitan todo el azúcar extra. Para las recetas que requieren crema de coco batida azucarada, consulte la receta y utilice la variación de stevia.

GALLETAS Y OTROS FAVORITOS FAMILIARES

TARTA DE QUESO CON ANACARDOS SIN HORNEAR

RENDIMIENTO: 10 RACIONES

La corteza de esta tarta de queso, cuando se hace sola, puede empaquetarse en bolas de una pulgada y devorarse. Es una de mis delicias favoritas después de una agotadora caminata o carrera. Para obtener los mejores resultados, deje que la tarta de queso repose en la nevera, tapada, durante 1 día antes de servirla.

CRUST

½ taza de almendras laminadas

5 dátiles Medjool, sin hueso

RELLENO

3½ tazas de anacardos crudos, remojados durante al menos 1 hora

¾ de taza de zumo de limón fresco

⅓ de taza de sirope de arce o agave

⅓ taza de azúcar de coco

1 taza de aceite de coco orgánico sin refinar, licuado (ver barra lateral)

½ taza de agua

1 vaina de vainilla o 2 cucharaditas de extracto de vainilla

½ cucharadita de sal marina

• Engrasar ligeramente un molde desmontable de 6 pulgadas con aceite de coco.

• Triturar las almendras y los dátiles en un procesador de alimentos hasta que queden bien picados y se agrupen fácilmente al apretarlos. Presione la mezcla de forma muy compacta en el fondo del molde desmontable. El fondo de un vaso plano funciona perfectamente para esto.

• Poner todos los ingredientes del relleno en un procesador de alimentos y batir hasta que esté suave, durante unos 7 minutos, raspando los lados cuando sea necesario.

• Vierta el relleno sobre la corteza y extiéndalo con una espátula de silicona hasta que quede uniforme. Golpee un par de veces sobre una superficie plana para eliminar cualquier burbuja de aire que pueda haber. Cubra la parte superior del molde con papel de aluminio y congele toda la noche. Una vez congelado, páselo al frigorífico. La tarta de queso estará lista para servir después de 1 o 2 horas. Guárdela en un recipiente hermético en el congelador hasta 1 mes, o refrigérela hasta 3 días.

PARA DERRETIR EL ACEITE DE COCO

Mide 1 taza de aceite de coco sólido en un vaso alto y colócalo en un recipiente poco profundo con agua caliente. Cuando se ablande, remuévelo. Reemplace el agua en el recipiente poco profundo con agua caliente fresca y repita hasta que todo se derrita, o unas 4 veces para que el aceite de coco alcance un estado totalmente líquido.

TARTAS DE CREMA DE COCO

RENDIMIENTO: 6 TARTAS

Estas golosinas crudas se pueden hacer en mini moldes para magdalenas del tamaño de un bocado o en moldes de tamaño estándar para tartas más grandes. Cuando hago tartas crudas, prefiero usar moldes de silicona, ya que es mucho más fácil soltar las golosinas sin que se rompan.

1 taza de harina de almendra

4 dátiles Medjool

3 cucharadas de aceite de coco sin refinar

½ cucharadita de sal

½ cucharadita de extracto de coco

¾ de taza de crema de anacardos dulce

⅓ taza de coco en copos sin azúcar

• Colocar la harina de almendras, los dátiles, el aceite de coco y la sal en un procesador de alimentos y pulsar hasta que la mezcla se una fácilmente al apretarla. Presione firmemente en seis tazas de un molde para magdalenas de tamaño estándar, dándole forma de corteza con el dorso de una cuchara redondeada o utilizando un bol muy pequeño.

• En un bol mediano, bata el extracto de coco y la crema de anacardos hasta que quede esponjoso. Colóquelo en los moldes preparados y cúbralo con copos de coco. Congele durante 2 horas y luego páselo al refrigerador. Sírvalo frío. Guárdelo en un recipiente hermético en la nevera hasta 1 semana.

MAGDALENAS DE CALABAZA

RENDIMIENTO: 12 PANECILLOS

Estos tiernos bocados están salpicados de semillas de calabaza crudas, llamadas pepitas, para añadir un color y una textura deliciosos a las magdalenas.

1¼ tazas de harina de arroz integral

½ taza de fécula de patata

¼ de taza de harina de tapioca

1 cucharadita de goma xantana

¼ de cucharadita de bicarbonato de sodio

1 cucharadita de polvo de hornear

1 cucharadita de sal

1 cucharadita de canela

1 taza de azúcar de palma de coco

¼ de taza de aceite de oliva o de coco

1 taza de puré de calabaza

⅓ taza + 2 cucharadas de leche no láctea

2 cucharadas de vinagre de sidra de manzana

½ taza de pepitas

• Precaliente el horno a 400°F y forre un molde para muffins con doce forros, rocíe ligeramente con spray antiadherente o simplemente engrase un molde para muffins de tamaño estándar.

• En un bol grande, bata la harina de arroz integral, la fécula de patata, la harina de tapioca, la goma xantana, el bicarbonato, la levadura en polvo, la sal, la canela y el azúcar de palma de coco. Incorporar el aceite, el puré de calabaza, la leche no láctea y el vinagre de sidra de manzana y mezclar hasta que quede una mezcla homogénea. Incorporar las pepitas. Divida la masa uniformemente entre las doce tazas y hornee durante unos 20 minutos, o hasta que un cuchillo insertado en el centro salga limpio. Guardar en un recipiente hermético hasta 3 días.

MAGDALENAS DE PLÁTANO Y NUECES

RENDIMIENTO: 12 PANECILLOS

Estos muffins son demasiado deliciosos con el sabor cálido del plátano y las nueces. Asegúrate de engrasar los forros de los muffins, o utiliza moldes de silicona para muffins; como estos muffins contienen muy poco aceite, pueden tener tendencia a pegarse.

¾ de taza de harina de arroz integral

½ taza de fécula de patata

¼ de taza de harina de tapioca

1 cucharadita de goma xantana

1½ cucharaditas de polvo de hornear

¼ de cucharadita de bicarbonato de sodio

¼ de cucharadita de sal

1 cucharadita de extracto de vainilla

3 plátanos triturados, aproximadamente 1⅓ tazas

⅓ taza + 1 cucharada de jarabe de arce

2 cucharadas de aceite de oliva

2 cucharadas de vinagre

½ taza de nueces picadas

• Precaliente el horno a 350°F. Usando margarina o aceite de coco, engrasa doce moldes para muffins de tamaño estándar, o rocía doce forros con spray antiadherente.

• En un bol mediano, bata la harina de arroz integral, la fécula de patata, la harina de tapioca, la goma xantana, la levadura en polvo, el bicarbonato y la sal. Haga un hueco en el centro e incorpore el extracto de vainilla, los plátanos, el sirope de arce, el aceite de oliva y el vinagre. Remueva la mezcla hasta que esté bien combinada y luego incorpore las nueces.

• Divida la masa uniformemente entre los moldes para muffins y hornee durante 30 minutos, hasta que se doren los bordes. Deje enfriar completamente antes de servir. Guardar en un recipiente hermético hasta 3 días.

Estas magdalenas se adaptan excepcionalmente bien a unos cuantos nibs de cacao añadidos a la masa antes de hornearlas.

BOLLOS DE LIMÓN CON SEMILLAS DE AMAPOLA

RENDIMIENTO: 12 BOLLOS

Los bollos siempre me han intrigado por su comportamiento no tan bizcochable ni tan pastelero. No me apetece mucho desayunar con ellos, pero siempre me parecen perfectos para un tentempié de mediodía.

⅓ taza de harina de almendras

⅓ taza de harina de maíz

1 taza de harina de mijo

½ taza de harina de arroz integral

½ taza de harina de tapioca

1 cucharadita de goma xantana

2 cucharaditas de polvo de hornear

1 cucharadita de bicarbonato de sodio

½ cucharadita de sal

½ taza de manteca vegetal no hidrogenada

½ taza de jarabe de arce

1 cucharada de harina de linaza

2 cucharadas de agua

½ taza de zumo de limón

2 cucharadas de semillas de amapola

1 cucharada de ralladura de limón

• Precalentar el horno a 375°F. Mezclar la harina de almendras, la harina de maíz, la harina de mijo, la harina de arroz integral y la harina de tapioca en un bol grande. Añade la goma xantana, la levadura en polvo, el bicarbonato y la sal.

142

- Cortar la manteca con las manos, hasta que se formen migajas del mismo tamaño. Añada el jarabe de arce. En un tazón pequeño, combine la harina de linaza y el agua y deje reposar hasta que se espese, durante unos 5 minutos.

- Con un tenedor, mezcle la harina de linaza preparada con el resto de los ingredientes hasta que la mezcla se desmenuce uniformemente.

- Siguiendo con un tenedor, mezclar el zumo de limón, las semillas de amapola y la ralladura de limón. Una vez que la masa esté bien mezclada, pásela a una superficie ligeramente enharinada (se recomienda la harina de mijo) y dóblela suavemente unas tres veces. Estire la masa con un rodillo de unos ¾ de pulgada de grosor y córtela en cuadrados con un cuchillo afilado. También puede utilizar un cortador de galletas para hacer círculos. Colóquelos en una bandeja para galletas sin engrasar.

- Hornear durante unos 13 minutos o hasta que se dore por encima. Guardar en un recipiente hermético hasta 1 semana.

CUADRADOS DE PAN DE JENGIBRE

RENDIMIENTO: 8 RACIONES

Endulzado con plátano ,   melaza negra   y agave ,   este saludable   pan de jengibre es tan rico y picante como la versión tradicional.

1 plátano maduro, triturado

2 cucharadas de melaza negra (o normal)

1 cucharadita de jengibre fresco rallado

1 cucharadita de canela

¼ de cucharadita de clavo de olor

¼ de cucharadita de sal

2 cucharadas de agave o jarabe de arce

2 cucharadas de semillas de chía molidas

1 taza de harina de almendra

⅓ taza de harina de teff

• En un tazón grande, mezcle el plátano, la melaza, el jengibre, la canela, el clavo, la sal y el agave hasta que esté suave. Incorporar las semillas de chía, la harina de almendras y la harina de teff. Engrasar ligeramente un molde para pan de 4 × 8 pulgadas y extender la mezcla en el molde. Hornea durante 30 minutos. Deje que se enfríe por completo y luego córtelo en cuadrados. Guardar en un recipiente hermético hasta 1 semana.

GALLETAS DULCES DE MAÍZ

RENDIMIENTO: 12 GALLETAS

El maíz añade un toque dulce así como un bonito color a estas galletas, que pueden hacerse con sirope de arce o agave. La harina de masa se puede encontrar en los supermercados mexicanos o en la mayoría de las tiendas de comestibles junto con los ingredientes mexicanos.

2 cucharadas de harina de linaza

4 cucharadas de agua

¾ de taza de harina de maíz amarilla fina

½ taza de jarabe de arce o agave

½ cucharadita de sal

½ taza de harina de maíz

¼ de taza de harina de arroz blanco

¼ de taza de harina de tapioca

1 cucharada de aceite de oliva

• Precaliente el horno a 350°F. Forrar una bandeja para galletas con pergamino o un tapete de silicona. En un tazón pequeño, mezcle la harina de linaza con el agua y déjela reposar hasta que se gelifique, durante unos 5 minutos. Mezclar todos los ingredientes en un bol mediano en el orden indicado, raspando bien las paredes del bol mientras se mezclan.

• Colocar una cucharada en la bandeja de galletas preparada y aplanar ligeramente con el dorso de un tenedor. Hornee de 12 a 15 minutos.

• Dejar enfriar completamente antes de servir. Conservar en un recipiente hermético en la nevera hasta 1 semana.

GALLETAS DE PASTEL DE NUEZ CUBIERTAS DE CHOCOLATE

RENDIMIENTO: 20 GALLETAS

Con semillas de chía y nueces, estas deliciosas galletas tienen un sabor pecaminoso pero están hechas con ingredientes sorprendentemente sanos. Para una versión un poco más cómoda (y casi sin azúcares refinados), utiliza chips de chocolate no lácteos para mojar el fondo de las galletas en lugar de chocolate crudo.

2 cucharaditas de semillas de chía molidas

2 cucharadas de agua

1½ tazas de nueces crudas

1 taza de anacardos crudos

¼ de taza de harina de coco

½ cucharadita de sal 6 dátiles

¾ de taza de chocolate crudo derretido

- Precaliente el horno a 325°F. En un tazón pequeño, mezcle la semilla de chía y el agua y deje reposar hasta que se gelifique, durante unos 5 minutos.

- Coloque las pacanas, los anacardos, la harina de coco y la sal en un procesador de alimentos y mezcle hasta que se desmenuce, durante aproximadamente 1 minuto. No mezcle demasiado. Una vez

146

desmenuzado, añadir los dátiles, de dos en dos, hasta que la mezcla se agrupe fácilmente. Procese sólo hasta que los dátiles estén bien mezclados. Formar discos de 1½ pulgadas de ancho por ½ pulgada de grosor y colóquelas en una bandeja para galletas sin engrasar. Hornee durante 15 minutos.

• Dejar enfriar y luego sumergir la parte inferior de las galletas en el chocolate crudo, colocándolas de nuevo en un tapete de silicona o en una bandeja para hornear cubierta con papel encerado. Enfriar durante unos 20 minutos en el frigorífico hasta que el chocolate se haya endurecido. Guárdelo en un recipiente hermético hasta 1 semana.

GALLETAS DE ALBARICOQUE

RENDIMIENTO: 18 GALLETAS

Estas galletas doradas, masticables y ligeramente dulces son tan fáciles de preparar como de comer. Repletas de vitaminas A y C por los albaricoques y de proteínas y hierro por las nueces y el coco, estas galletas son como barritas energéticas del tamaño de un bocadillo.

3 tazas de albaricoques secos

1 taza de trozos de nuez

2 tazas de coco rallado sin azúcar, más aproximadamente ⅓ de taza para enrollar

¼ de taza de agave

• Combinar todos los ingredientes (reservar ⅓ taza de coco) en un procesador de alimentos y procesar hasta que esté muy bien picado.

• Con las manos limpias, hacer bolas del tamaño de una nuez con la mezcla y luego con el coco sobrante. Aplastar en rondas de galletas utilizando el fondo de un vaso o taza de medir, y luego suavemente la forma con las manos para crear hamburguesas uniformes.

• Conservar en un recipiente hermético hasta 1 semana.

AMARETTI DE CANELA

RENDIMIENTO: 36 GALLETAS

Los amaretti son las clásicas galletitas italianas pequeñas, crujientes por fuera y un poco más masticables por dentro, y una de mis galletas favoritas. No echará de menos el azúcar refinado en esta versión. Para obtener la mejor textura, forme las galletas en pequeños montículos, de unos 2,5 cm de diámetro, para obtener la proporción perfecta entre el centro masticable y el exterior crujiente.

3 cucharadas de harina de linaza

6 cucharadas de agua

3 tazas de harina de almendra

1½ cucharaditas de canela

1¼ tazas de azúcar de palma de coco

¾ de cucharadita de sal

Almendras fileteadas, para decorar

• Precaliente el horno a 300°F. Forrar una bandeja para hornear grande con papel pergamino.

• En un bol pequeño, combinar la harina de linaza con el agua y dejar reposar durante 5 minutos, hasta que se gelifique. Pasar a un bol grande y añadir la harina de almendras, la canela, el azúcar de palma y la sal. Siga removiendo hasta que la mezcla se convierta en una masa dura; puede parecer que no se está uniendo, ¡pero siga removiendo! Esto también se hace sin esfuerzo con una batidora eléctrica.

• Cuando la masa se endurezca, pellizcar secciones de 1 pulgada y formar rondas. Colóquelas en la bandeja para galletas con una separación de unos 2,5 cm entre sí y coloque encima una almendra fileteada. Hornee durante 30 minutos. Deje que se enfríe por completo. Guárdelo en un recipiente hermético hasta 1 semana.

MACARRONES BESADOS CON CÍTRICOS
RENDIMIENTO: 18 GALLETAS

Con un ligero toque de limón, estos macarrones sólo llevan un puñado de ingredientes y no necesitan ser horneados. Son un buen tentempié para después de entrenar o cuando surgen los antojos del mediodía.

12 dátiles Medjool, sin hueso

1 cucharada de zumo de limón

2 cucharadas de agua

4 tazas de coco rallado sin azúcar, dividido

• Combinar los dátiles Medjool, el zumo de limón y el agua en un procesador de alimentos y batir hasta que esté muy suave, raspando los lados cuando sea necesario. Añade 1 taza de coco rallado y bate hasta que esté bien combinado.

• Pasar a un bol grande y, a mano, incorporar las 3 tazas de coco adicionales hasta que se mezclen uniformemente. Formar la mezcla en forma de galletas y colocarlas en una bandeja para galletas. Refrigere brevemente para que cuaje.

• Almacenar en un recipiente hermético hasta 2 semanas.

PUDÍN DE CHOCOLATE Y MANTEQUILLA DE CACAHUETE

RENDIMIENTO: 2 RACIONES

Este postre es tan fácil de hacer como un pastel (o un pudín) y, además, es sano, sustancioso y delicioso. Ajusta los niveles de azúcar a tus preferencias, procurando que sean bajos.

3 cucharadas de semillas de chía enteras, blancas o negras

½ taza de agua

2 cucharadas de leche no láctea (recomiendo la de almendras o la de coco)

1 cucharada de cacao en polvo

3 cucharadas de mantequilla de cacahuete cremosa

1½ cucharadas de sirope de dátiles de coco o de arce

• Ponga todos los ingredientes en un bol pequeño o mediano y remuévalos enérgicamente con un tenedor hasta que queden homogéneos. Pasar a los platos de servicio deseados y enfriar en el frigorífico hasta que esté gelificado, durante unos 30 minutos. Lo mejor es servirlo frío con una porción de crema de coco batida. Se conserva hasta 1 día si se guarda en un recipiente hermético en la nevera.

PUDÍN DE CHOCO-CADO

RENDIMIENTO: 4 RACIONES

Aquí hay otro ingrediente sorpresa del mundo vegetal: el aguacate es la superestrella aquí, haciendo una base cremosa para este pudín de chocolate increíblemente rico.

2 aguacates maduros, sin hueso y pelados

¼ de taza de jarabe de dátiles o agave

3 cucharadas de azúcar de coco

¼ de taza de cacao en polvo

½ cucharadita de café expreso en polvo

¼ de cucharadita de sal

- Mezclar todos los ingredientes en un procesador de alimentos hasta que quede esponjoso. Servir con crema de coco batida. Guárdalo en un recipiente hermético en la nevera hasta 3 días.

DULCES DE ESTILO CLÁSICO

CHOCOLATE CRUDO
RENDIMIENTO: 12 CARAMELOS

Este chocolate puede moldearse con un molde de chocolate o rociarse sobre los postres para obtener una cobertura de chocolate. Siéntase libre de controlar el dulzor a su gusto sin afectar demasiado a la textura final.

½ taza de mantequilla de cacao derretida

⅓ taza + 2 cucharadas de cacao en polvo

⅓ de taza de agave o jarabe de arce Pizca de sal

• Bata todos los ingredientes en un bol mediano. Verter la mezcla en los moldes y golpear sobre una superficie plana y sólida para eliminar las burbujas de aire. Enfriar en el frigorífico hasta que esté sólido. Para utilizarla como cobertura, simplemente derrita todos los ingredientes y bata bien para combinarlos. Guardar en un recipiente hermético en el frigorífico hasta 1 semana.

CARAMELO DE COCO

RENDIMIENTO: 24 PIEZAS

Esta golosina sutilmente dulce es una nuez sobre el coco, ya que está hecha enteramente de coco, salvo el extracto de vainilla y la sal. Para cortarlo fácilmente, deje que el caramelo sólido se descongele a temperatura ambiente durante unos 20 minutos antes de cortarlo y volver a meterlo en el frigorífico.

12 onzas (aproximadamente 2½ tazas) de coco rallado sin azúcar

½ taza de aceite de coco ablandado, sin refinar

1 cucharadita de extracto de vainilla

½ taza de azúcar de palma de coco

⅛ cucharadita de sal

* En una licuadora o procesador de alimentos, mezcle el coco hasta que esté suave como la mantequilla de maní. Esto puede llevar de 3 a 10 minutos, dependiendo de su aparato, la sequedad del coco y la temperatura, entre otros factores. Sólo hay que batir hasta que esté suave y, si no lo está, añadir una o dos cucharaditas de aceite de coco para que avance.

* Una vez que el coco rallado se haya mezclado, añada el resto de los ingredientes y bata hasta que esté suave. Vierta la mezcla en un plato cuadrado de 8 × 8 pulgadas, cubra sin apretar con papel de plástico y congele durante 30 minutos. Cortar en cuadraditos y guardar en la nevera hasta 2 semanas.

BOMBONES DE ALMENDRA

RENDIMIENTO: 24 CARAMELOS

Son una delicia para picar cuando te entra un antojo de chocolate. Haz una tanda y guárdala en el congelador: ¡puedes coger una cada vez que necesites un poco de ánimo!

RELLENO

1 taza de harina de almendra

2 cucharadas de aceite de coco, ablandado

2 cucharadas de agave, arroz integral o jarabe de arce

3 cucharadas de mantequilla de cacao derretida

⅛ cucharadita de sal

RECUBRIMIENTO

1 receta de chocolate crudo fundido

• En un bol mediano, combine todos los ingredientes del relleno y déjelos reposar durante unos 10 minutos. Forme bolas o colóquelas en moldes de chocolate de silicona y, a continuación, enfríelas durante unos 30 minutos en el frigorífico, o durante 10 minutos en el congelador, hasta que estén sólidas.

• Una vez que el relleno esté frío, sumerja las bolas en la cobertura de chocolate hasta cubrirlas por completo y, a continuación, coloque las trufas recubiertas en un tapete de silicona o en una superficie cubierta de pergamino para que se endurezcan. Sumerja una vez más en la cobertura de chocolate y luego deje que el chocolate se endurezca completamente en el frigorífico, durante aproximadamente 1 hora. Guárdelas en un recipiente hermético en el frigorífico hasta 1 mes, o en bolsas de congelación, bien cerradas, hasta 3 meses.

BOMBONES DE PASAS

RENDIMIENTO: UNOS 20 BOMBONES

Tienen un sabor tan parecido al de los caramelos populares que no te parecerá que estás comiendo algo tan bueno para ti.

1½ tazas de pasas

1 taza de nueces

¼ de taza de cacao en polvo

• En un procesador de alimentos, combine todos los ingredientes y mezcle hasta que estén finamente molidos y agrupados, durante aproximadamente 1 minuto. Forme bolas del tamaño de un bocado y colóquelas en el frigorífico para que se enfríen durante unos 30 minutos antes de disfrutarlas. Guárdelo en un recipiente hermético en el frigorífico durante un máximo de 2 semanas.

BOCADOS DE BROWNIE NUTRITIVOS

RENDIMIENTO: 12 RACIONES

En términos de brownies, esta versión es mucho más saludable que el típico cuadrado de chocolate, pero no se pierde nada de sabor. No te sentirás mal por repetirlos, ya que están repletos de cosas saludables como los dátiles, que contienen fibra; los anacardos, que tienen un alto contenido en magnesio; y el cacao, que tiene un alto contenido en hierro.

10 dátiles Medjool, enfriados en la nevera

2 tazas de anacardos enteros, sin tostar

2 cucharadas de cacao en polvo

½ cucharadita de sal

2 cucharaditas de extracto de vainilla

• Retire los huesos de los dátiles y colóquelos en un procesador de alimentos junto con los anacardos, el cacao en polvo y la sal. Pulse varias veces para combinar y luego mezcle hasta que se desmenuce, durante unos 2 minutos. Una vez que la mezcla se haya desmenuzado de manera uniforme, con la consistencia de un azúcar grueso, añada el extracto de vainilla y siga batiendo hasta que la mezcla se vuelva grumosa.

• Dependiendo del tamaño y del contenido de humedad de los dátiles, es posible que tenga que añadir un poco más de líquido, como agua o más extracto de vainilla, o procesar durante menos tiempo para conseguir la consistencia adecuada. Al final, la masa debe pegarse fácilmente cuando se hace una bola. Si está demasiado seca, añada un poco más de líquido (½ cucharadita más o menos) y si está demasiado húmeda, añada una cucharada más de cacao en polvo para secarla.

• Coloque la masa en el centro de un papel de pergamino y cúbrala con otra hoja. Extienda la masa con cuidado para aplanarla de forma uniforme y córtela en cuadrados. Enfríe en el frigorífico durante al menos 20 minutos antes de servir. Guárdelo en un recipiente hermético en el frigorífico hasta 2 semanas.

BOCADOS DE MASA DE GALLETA
RENDIMIENTO: 16 RACIONES

Estos pequeños bocados tienen el mismo sabor que la masa de galleta cruda, y son un estímulo perfecto para después de la cena, o para un poco de combustible rápido en la carrera.

1½ tazas de anacardos crudos

9 dátiles Medjool blandos

2 cucharaditas de extracto de vainilla

⅓ taza de harina de almendra

Una pizca de sal

2 cucharadas de nibs de cacao

• En un procesador de alimentos, pulse los anacardos y los dátiles hasta que se desmenucen. Añadir el extracto de vainilla, la harina de almendras, la sal y los nibs de cacao y pulsar hasta que la masa esté bien molida y se pueda unir fácilmente al pellizcarla con los dedos. Formar pequeñas bolas de unos 2,5 cm de diámetro. Guardar en un recipiente hermético hasta 2 semanas.

BOCADOS DE CHOCOLATE CON CACAHUETES

RENDIMIENTO: 20 CARAMELOS

Al igual que los otros bocados y barritas energéticas que se ofrecen aquí, estos trocitos son potentes en sabor.

½ taza de mantequilla de cacao

⅓ taza + 2 cucharadas de cacao en polvo

⅓ taza de jarabe de arce

3 cucharadas de mantequilla de cacahuete cremosa

Pizca de sal

• En una caldera doble, derretir la mantequilla de cacao hasta que esté líquida. Bate el resto de los ingredientes y vierte en moldes de chocolate o en moldes de papel colocados en un molde para magdalenas. Colocar en el congelador y enfriar durante 1 hora. Saque los moldes y colóquelos en una fuente plana. Manténgalo refrigerado para obtener chocolates más firmes, o guárdelo en un recipiente hermético en un lugar fresco hasta 2 semanas.

BARRAS DE CHOCOLATE NANAIMO

RENDIMIENTO: 16 RACIONES

Las barritas Nanaimo, que llevan el nombre de la ciudad de la Columbia Británica, son un postre popular sin hornear que suele hacerse con MUCHA mantequilla y azúcar. Si no te preocupa que sean totalmente libres de azúcar, también puedes utilizar tus chispas/botones de chocolate no lácteos favoritos en lugar del chocolate crudo.

CRUST

1 taza de almendras crudas enteras

10 fechas

1 cucharada de cacao en polvo

RELLENO

2 tazas de anacardos, remojados 2 horas

1½ cucharaditas de extracto de vainilla

⅔ taza de aceite de coco, derretido

1 cucharadita de stevia en polvo

3 dátiles Medjool o ¼ de taza de jarabe de dátiles

2 cucharadas de crema de coco (de la parte superior de una lata de leche de coco refrigerada)

TOPPING

1¼ tazas de chocolate crudo derretido

• Para hacer la corteza, en un procesador de alimentos, pulse las almendras, cinco de los dátiles y el cacao en polvo hasta que se desmenuce. Añada los cinco dátiles restantes y vuelva a pulsar hasta que se hayan picado de manera uniforme. Presione la mezcla con firmeza en un molde para hornear de 8 × 8 pulgadas.

• Prepare el relleno en un procesador de alimentos combinando los anacardos, la vainilla, el aceite de coco, la stevia, los dátiles y la crema de coco hasta que esté muy suave, durante unos 5 minutos, raspando los lados cuando sea necesario. Extienda el relleno uniformemente sobre la corteza utilizando una espátula plana de silicona. Congelar durante 1 hora y luego cortar en cuadrados.

• Cubrir con chocolate derretido y volver a meter en el congelador. Enfríe en el congelador durante toda la noche, o al menos durante 6 horas. Guárdelo en el frigorífico en un recipiente hermético hasta 2 semanas.

BARRITAS Y GRANOLA

GRANOLA DE CHOCOLATE

RENDIMIENTO: 3 CUPS

Esta versátil granola es perfecta para todo tipo de delicias: Úsala para hacer parfaits o para cubrir tu yogur o helado no lácteo favorito. Es ideal en un bol como cereal de desayuno en casa, o como una adición chocolatada a su mezcla de frutos secos cuando está en movimiento.

2 tazas de avena certificada sin gluten

⅓ taza de harina de almendra

3 cucharadas de semillas de chía enteras

¼ de cucharadita de sal

⅓ taza de cacao en polvo

1 cucharada de aceite de coco

1 cucharadita de extracto de vainilla

⅓ de taza de agave o jarabe de arce

• Precalentar el horno a 300°F. En un bol mediano, bate la avena, la harina de almendras, las semillas de chía, la sal y el cacao en polvo. En un cuenco más pequeño, bata el aceite de coco, el extracto de vainilla y el sirope de arce hasta que quede muy suave. Con las manos limpias o un tenedor grande, combinar todos los ingredientes hasta que estén bien mezclados. Extienda la mezcla en un molde forrado con pergamino y hornee durante 40 minutos. Romper en trozos del tamaño de un bocado y dejar enfriar completamente. Guárdelo en un recipiente hermético hasta 3 semanas.

BARRAS DE GRANOLA DULCES, SALADAS Y SUAVES

RENDIMIENTO: 12 BARRAS

Con su sabor salado y dulce, y su textura suave y masticable, este aperitivo puede satisfacer varios antojos a la vez. Guárdelo en un recipiente hermético en el frigorífico para obtener una mejor textura.

2½ tazas de avena certificada sin gluten

½ taza de harina de almendra

1 cucharadita de sal

2 cucharadas de jarabe de arce

⅓ taza de agave

¼ de taza + 2 cucharadas de aceite de coco ablandado

¼ de taza de azúcar de dátiles o de palma de coco

1 cucharadita de extracto de vainilla

½ taza de almendras laminadas

1 cucharada de semillas de chía molidas

3 cucharadas de agua

• Precaliente el horno a 350°F. Engrasa ligeramente un molde de 8 × 8 pulgadas.

• Extender la avena en una capa uniforme sobre una bandeja de horno grande y tostarla ligeramente durante 7 minutos. Retirar la avena del horno y colocarla en un bol grande. Con las manos, desmenuza la harina de almendras, la sal, el sirope de arce, el agave, el aceite de coco, el azúcar de dátiles, el extracto de vainilla y las almendras fileteadas.

166

- Mezclar las semillas de chía y el agua y dejar reposar durante 5 minutos, hasta que se gelifiquen. Mézclelo con el resto de los ingredientes y, a continuación, con las manos ligeramente engrasadas con aceite de coco, presione la mezcla con fuerza y firmeza en el molde. Cubrir ligeramente con papel de plástico y refrigerar durante 2 horas. Cortar suavemente en barras y guardarlas refrigeradas en un recipiente hermético hasta 2 semanas.

BARRAS DE POTENCIA

RENDIMIENTO: 10 BARRAS

Con bayas de goji, semillas de cáñamo, semillas de chía y avena, estas barritas repletas de proteínas están llenas de todo tipo de ingredientes nutritivos que te mantendrán con fuerza durante todo el día.

1 taza de nueces

½ taza de anacardos crudos

9 fechas

¼ de cucharadita de sal

1 cucharada de aceite de coco

½ taza de avena certificada sin gluten

½ taza de bayas de goji

¼ de taza de semillas de cáñamo

¼ de taza de semillas de chía

- Forrar un molde para hornear de 8 × 8 pulgadas con papel plástico o aceitarlo ligeramente con aceite de coco.

- Poner las nueces, los anacardos y cinco de los dátiles en un procesador de alimentos y batir hasta que se desmenucen uniformemente. Añadir la sal y los dátiles restantes y pulsar hasta que estén bien combinados y los dátiles estén uniformemente picados. Pasar la mezcla a un cuenco grande y añadir el aceite de coco para cubrirla uniformemente. Incorporar la avena, las bayas de goji, las semillas de cáñamo y las semillas de chía. Presionar la mezcla firmemente en el molde preparado y refrigerar durante 2 horas. Cortar en barritas y guardar en un recipiente hermético en la nevera hasta 2 semanas.

BARRAS DE TARTA DE CEREZA
RENDIMIENTO: 8 RACIONES

El sabor es igual que el de la tarta de cerezas, pero estas pequeñas barritas son realmente muy buenas para ti. Recomiendo buscar las cerezas secas de mayor calidad (orgánicas, sin sulfuro y sin azúcar añadido) para obtener el sabor más auténtico de la tarta de cerezas.

2 tazas de anacardos crudos

1 taza de cerezas secas (sin endulzar)

½ cucharadita de sal

10 dátiles Medjool

- En un procesador de alimentos, combinar los anacardos, las cerezas y la sal y batir hasta que estén desmenuzados. Añada los dátiles y bata hasta que estén bien desmenuzados y la mezcla se una fácilmente y se mantenga unida al apretarla.

- Formar la mezcla en barras individuales dando forma de disco apretado, o cuadrado, y luego cortando suavemente con un cuchillo. Envuélvalas individualmente en papel de plástico o de aluminio. También se pueden formar bolas para comerlas a bocados. Guárdelo en un recipiente hermético en el frigorífico durante un máximo de 2 semanas.

BARRITAS DE CHOCOLATE Y ALMENDRAS CON CEREZA

RENDIMIENTO: 12 RACIONES

Al igual que una barra de granola crujiente, estas barritas de chocolate son un gran estímulo cuando la energía está baja. Asegúrese de utilizar sólo kasha (trigo sarraceno tostado) de color marrón, en lugar de verdoso. La kasha suele encontrarse junto a los granos de trigo sarraceno sin tostar, a menudo en las secciones de productos a granel o naturales.

1½ tazas de kasha (granos de trigo sarraceno tostados), remojados durante 2 horas

⅓ taza + 2 cucharadas de cacao en polvo

2 cucharadas de semillas de chía

½ taza de jarabe de arce

3 cucharadas de azúcar de dátiles

⅔ taza de harina de almendra

½ cucharadita de sal

½ taza de cerezas secas (sin endulzar)

¼ de cucharadita de aceite de coco o de oliva

• Precalentar el horno a 300°F. Forrar una bandeja de horno con papel pergamino.

• Escurrir completamente la kasha remojada. En un bol grande, combinar todos los ingredientes excepto el aceite. Utilizar el ¼ de cucharadita de aceite de coco para engrasar las manos limpias y dar palmaditas suaves para formar un rectángulo de aproximadamente ¼ a ½ pulgada de grosor. Hornee durante 30 minutos. Retirar del horno, cortar suavemente en cuadrados con una espátula (pero sin separar) y seguir horneando durante 20 minutos más. Deje que se enfríe por completo y luego divídalo en barras individuales. Guardar en un recipiente hermético hasta 1 semana.

Si no puede encontrar kasha tostado, siempre puede tostar el suyo a 300°F durante 45 minutos, removiendo a menudo hasta que se dore.

TRUCOS DE FRUTAS

HELADO DE MANTEQUILLA DE CACAHUETE Y PLÁTANO

RENDIMIENTO: 2 CUPS

Esta receta no puede ser más fácil con sólo cuatro ingredientes, ¡y es buena para ti! Come.

5 plátanos muy maduros, pelados

½ taza de mantequilla de cacahuete salada suave

½ cucharadita de extracto de vainilla

1 taza de leche de coco entera en lata

• Ponga todos los ingredientes en una batidora y bátalos hasta que estén muy suaves, durante aproximadamente 1 minuto. Vierta la mezcla en el bol de su heladera y procésela según las instrucciones del fabricante. O, como alternativa, congele todos los ingredientes en un bol durante 3 horas y, a continuación, procéselos inmediatamente en un procesador de alimentos hasta que queden homogéneos. Guárdelo en un recipiente hermético en el congelador hasta 1 mes.

FRUTAS FRESCAS EN FORMA DE HELADO

RENDIMIENTO: APROXIMADAMENTE 5

Estos magníficos pops harán que te entusiasme comer fruta y mantenerte fresco al mismo tiempo. Me gusta la combinación de las frutas que aparecen a continuación, pero, junto con las uvas, puedes añadir cualquier fruta picada que te apetezca. Necesitarás moldes de polos para estos, o puedes verterlos en bandejas de silicona para cubitos de hielo o incluso en pequeños vasos de papel.

1 taza de uvas, rojas o verdes

1 kiwi, pelado y cortado en dados

⅓ taza de frambuesas rojas picadas

⅓ taza de arándanos

• Ponga las uvas en una batidora y hágalas puré hasta que estén suaves. Páselo a un bol y añada la fruta cortada en dados. Vierte la mezcla en moldes para paletas y añade palos de madera en el centro. Congele toda la noche y luego disfrute. Guárdelo en el congelador hasta 1 mes.

SALSA DE FRUTAS Y PATATAS FRITAS CON CANELA

RENDIMIENTO: 6 RACIONES

Un giro divertido en un viejo favorito, sirva estas "patatas fritas y salsa" en su próxima reunión para una sorpresa dulce y saludable.

CHIPS DE CANELA

4 tortillas de maíz blanco

1 cucharada de aceite de oliva

1 cucharada de agave

¼ de cucharadita de sal

¼ de cucharadita de canela, o al gusto

SALSA DE FRUTAS

1 taza de bayas (frambuesa + mora funciona muy bien)

1 taza de fresas, sin las hojas

½ taza de uvas sin semillas, de cualquier variedad

Zumo de 1 lima

1 manzana, cortada en dados y sin semillas

1 kiwi, pelado y cortado en dados

• Precaliente el horno a 400°F. Apilar las tortillas de maíz y cortarlas en seis triángulos iguales. Extiende los triángulos en una capa uniforme sobre una bandeja de horno sin engrasar, de manera que ninguno de ellos se toque.

• En un bol pequeño, bate el aceite de oliva, el agave y la sal. Unte ligeramente cada lado del triángulo de tortilla (quedará un poco pegajoso) y espolvoree un lado de los triángulos con canela. Hornea durante 7 minutos, dale la vuelta y hornea durante 2 minutos más. Deja enfriar mientras preparas la salsa.

175

• En un procesador de alimentos, combinar las bayas, las fresas, las uvas y el zumo de lima y pulsar hasta que la fruta se haya picado, pero no sea un puré, durante unas cinco o seis veces. Combínelo con las manzanas y el kiwi cortados en dados y sírvalo con patatas fritas de canela. Guárdelo en un recipiente hermético en el frigorífico hasta 1 semana.

MERMELADA DE FRAMBUESA Y CHÍA

RENDIMIENTO: 1½ CUPS

Las semillas de chía toman el timón y añaden un espesor increíble a esta mermelada, ¡sin necesidad de pectina! Utilízala como lo harías con tu mermelada favorita, y siéntete bien por todos los nutrientes extra (como el calcio y los omega-3) que estás disfrutando mientras lo haces. Si la frambuesa no es su favorita, prácticamente cualquier baya funcionará bien con este método. Pruebe con arándanos, moras o una mezcla.

1½ tazas de frambuesas rojas

2 ó 3 cucharadas de agave, o al gusto

1 cucharada de semillas de chía

• Poner las frambuesas y el agave en un cazo pequeño y cocinar a fuego medio-bajo hasta que esté líquido. Incorpore las semillas de chía y siga cocinando un minuto más, hasta que espese. Transfiera a un recipiente con cierre y deje que se enfríe a temperatura ambiente antes de transferirlo a la nevera. Guárdelo en un recipiente hermético en el frigorífico durante un máximo de 2 semanas.

ENSALADA DE FRUTAS Y AGUACATE

RENDIMIENTO: 6 RACIONES

¿Sabías que el aguacate es en realidad una fruta? Debe ser por eso que combina tan bien con los plátanos, las fresas y la piña. Pruébalo en esta cremosa ensalada de frutas y comprueba si estás de acuerdo en que estos cuatro estaban destinados a estar juntos (¡junto con los arándanos y las semillas de granada!).

SALSA

2 cucharadas de zumo de piña

2 cucharadas de leche de coco entera

Una pizca de canela

½ cucharadita de extracto de vainilla

FRUIT

1 plátano grande, en rodajas

4 fresas, cortadas en rodajas

¼ de taza de piña picada

¼ de taza de arándanos

¼ de taza de semillas de granada

1 aguacate, cortado en trozos del tamaño de un bocado

- En un bol pequeño, bata los ingredientes de la salsa.

- Coloque la fruta en un bol mediano y mézclela con la salsa. Sírvala fría. Se conserva hasta 1 día si se guarda en un recipiente hermético.

"LAYER CAKES" DE PIÑA

RENDIMIENTO: 2 PASTELES DE TAMAÑO PERSONAL

Estas pequeñas pilas son un giro divertido en la versión convencional del postre. Manipule los anillos de piña con cuidado, si usa una lata, o córtelos un poco en el lado grueso si usa una fresca. ¿Busca algo crujiente? Pruebe a añadir una fina capa de nueces o pacanas trituradas sobre la crema de anacardos. Puedes encontrar pasta de vainilla en tiendas especializadas como Williams Sonoma, o simplemente sustituirla por la misma cantidad de extracto de vainilla.

8 anillos de piña

½ taza de crema dulce de anacardos

½ cucharadita de pasta de vainilla

2 cucharadas de compota de cereza y vainilla

• Escurrir los anillos de piña colocándolos en una sola capa sobre una toalla de papel. Dejar reposar durante 10 minutos, o hasta que los anillos estén relativamente secos. En un bol pequeño, mezcle la crema de anacardos con la pasta de vainilla.

• En el plato que desee servir, cree una pila alternada de piña, crema de anacardos, piña, etc., terminando con una porción de la compota de vainilla y cereza.

NACHOS DE MANZANA

RENDIMIENTO: 4 RACIONES

Estos son perfectos para crear otras variaciones!

3 manzanas crujientes y ligeramente ácidas, como Honeycrisp o Granny Smith

1 cucharadita de zumo de limón

3 cucharadas de mantequilla de cacahuete cremosa

¼ de taza de jarabe de dátiles

¼ de taza de almendras laminadas

¼ de taza de nueces, cortadas en trozos grandes

¼ de taza de coco en copos o rallado sin azúcar

¼ de taza de nibs de cacao

• Retire el corazón de cada manzana y córtelas en rodajas muy finas (de aproximadamente ⅛ pulgadas de grosor), utilizando un cuchillo afilado. Colocarlas en un plato de manera que cada manzana tenga una buena superficie expuesta. Rocíe ligeramente con el zumo de limón.

• Derretir la mantequilla de cacahuete en un cazo pequeño junto con el sirope de dátiles hasta que esté muy líquida y rociarla sobre las rodajas de manzana. Cubrir las manzanas y la mantequilla de cacahuete con las almendras y las nueces, y luego rociar con el sirope de dátiles derretido. Por último, cubrir con coco en copos sin azúcar y nibs de cacao. Disfrútalos con las manos, como si fueran nachos de verdad. Sírvelos inmediatamente.

NOTA DE ALERGIA

Para hacerlo sin frutos secos, sustituya las almendras por semillas de girasol tostadas.

CUERO DE FRUTA DE FRESA Y PLÁTANO
RENDIMIENTO: 6 RACIONES

Mis hijos se vuelven locos por estos saludables bocadillos. Recomiendo utilizar un deshidratador para obtener los mejores resultados, pero también puedes hornearlos a 200 °F, extendidos sobre un tapete de silicona, durante varias horas hasta que se sequen.

2 plátanos medianos muy maduros (se desean algunas manchas marrones)

2 tazas colmadas de fresas pequeñas frescas, con sus hojas

• Mezcle la fruta hasta que esté suave en una licuadora de alta velocidad o en un procesador de alimentos, raspando los lados cuando sea necesario. La consistencia debe parecerse a la de un batido de frutas. Extienda en una alfombra de cuero de fruta adaptada a su deshidratador. Extienda de forma fina y uniforme y, a continuación, golpee la bandeja sobre una superficie plana unas cuantas veces para eliminar las burbujas de aire.

• Ajuste su deshidratador a 135°F y déjelo rodar hasta que la fruta ya no esté pegajosa, durante unas 4 o 5 horas. Si utiliza un horno convencional, simplemente extienda una capa fina sobre un tapete de silicona y ponga el horno a la temperatura más baja con la puerta ligeramente entreabierta. Hornee de 3 a 4 horas, hasta que deje de estar pegajosa.

• Despegar la fruta de la bandeja y colocarla en una tabla de cortar. Con un cortador de pizza, cortar en secciones grandes y enrollar inmediatamente sobre papel encerado, de modo que la fruta quede completamente cubierta. Disfrutar inmediatamente o guardar hasta 1 mes en un recipiente hermético.

BATIDOS Y OTRAS BEBIDAS

BATIDO DE PASTEL DE ZANAHORIA

RENDIMIENTO: 2 RACIONES

Date un capricho a la hora del desayuno con esta deliciosa bebida. Cuenta con la adición de melaza negra, que está llena de cosas buenas como cobre, hierro, calcio y potasio.

1 zanahoria grande, sin los tallos ni la parte superior

1 plátano grande, pelado y congelado

3 fechas

½ taza de leche de almendras sin azúcar

¾ de taza de agua fría

½ cucharadita de canela

Una pizca de nuez moscada

Una pizca de clavo de olor

1 cucharadita de melaza negra

Poner los cuatro primeros ingredientes en una batidora y procesar hasta que el plátano esté prácticamente mezclado. Añada el agua, las especias y la melaza y bata hasta que esté cremoso. Diluir al gusto con más agua fría, si se desea. Servir inmediatamente.

PIÑA COLADA

RENDIMIENTO: 2 RACIONES

Su sabor es tan auténtico que puede que te sientas un poco mareado mientras lo bebes, pero ten por seguro que esta bebida es muy buena para ti. Incluso puede evitar los resfriados gracias a la piña, que es muy rica en vitamina C.

1 plátano grande pelado y congelado

⅛ taza de crema de coco (de la lata de leche de coco)

4 anillos de piña (o aproximadamente ½ taza de piña enlatada)

¾ de taza de zumo de piña

1 cucharadita de extracto de ron

- Mezcle todos los ingredientes hasta que estén muy suaves en una batidora de alta velocidad. Servir inmediatamente.

FELIZ Y SALUDABLE CACAO CALIENTE

RENDIMIENTO: 2 RACIONES

Este cacao caliente te hará sentir feliz y saludable después de beberlo, ya que está endulzado con azúcar de dátiles y stevia, en lugar de la habitual mezcla de azúcares refinados. A mí me gusta más hacerlo con leche de almendras sin azúcar.

3 cucharadas de cacao en polvo

¼ de taza de azúcar de dátiles

¼ de cucharadita de stevia líquida pura

1 cucharadita de extracto de vainilla o de almendra

1 taza de leche no láctea sin azúcar, más para diluir

• En una batidora, combina el cacao en polvo, el azúcar de dátiles, la stevia, el extracto de vainilla y ½ taza de leche de almendras. Bate a alta velocidad hasta que quede muy suave, añadiendo la ½ taza de leche de almendras adicional a medida que se vaya mezclando. Deberá tener un jarabe de chocolate muy espeso y cremoso.

• Diluir con un poco más de leche no láctea hasta obtener la consistencia deseada y calentar a fuego medio, hasta que esté caliente, removiendo constantemente. Para que sea una delicia extra especial, cubra con crema de coco batida y azucarada, versión con stevia. Servir inmediatamente.

BATIDO DE TARTA DE MANZANA

RENDIMIENTO: 1 PORCIÓN

Más fácil que una tarta de manzana, ¡y además es bueno para ti! Este "batido" es un desayuno perfecto o una merienda.

1½ plátanos, picados y congelados

⅔ taza de sidra de manzana (sin azúcar añadido)

⅓ taza de nueces

½ cucharadita de canela

Una pizca de nuez moscada

- Combine todos los ingredientes en una batidora y mézclelos hasta que estén muy suaves. Diluir con un poco más de sidra de manzana o leche no láctea si se desea.

- Servir inmediatamente.

BATIDO DE ARÁNDANOS
RENDIMIENTO: 1 PORCIÓN

Los arándanos están llenos de antioxidantes y dan un bonito tono azul a este batido. Y no es el único ingrediente saludable: está endulzado con plátanos.

½ taza de arándanos frescos o congelados

1½ plátanos pelados y congelados

1 cucharadita de extracto de vainilla

1 taza de leche no láctea (la de almendras es la mejor)

• Coloque todos los ingredientes en una licuadora y bátalos hasta que estén completamente suaves. Servir inmediatamente con una pajita gruesa.

CONVERSIONES MÉTRICAS

Las recetas de este libro no han sido probadas con medidas métricas, por lo que pueden producirse algunas variaciones.

Recuerde que el peso de los ingredientes secos varía en función del volumen o factor de densidad: 1 taza de harina pesa mucho menos que 1 taza de azúcar, y 1 cucharada no contiene necesariamente 3 cucharaditas.

Fórmula general de conversión métrica

Onzas a gramosmultiplicar   onzas por 28,35

Gramos a onzasmultiplicar   onzas por 0,035

Libras a gramosmultiplicar   libras por 453,5

Libras a kilogramosMultiplique las   libras por 0,45

Tazas a litrosmultiplicar   tazas por 0,24

De Fahrenheit a Celsiusresta   32 a la temperatura Fahrenheit, multiplica por 5, divide por 9 De Celsius a Fahrenheitmultiplica   la temperatura Celsius por 9, divide por 5, añade 32

Medidas de volumen (líquido)

1 cucharadita = ⅙ onza líquida = 5 mililitros

1 cucharada = ½ onza líquida = 15 mililitros 2 cucharadas = 1 onza líquida = 30 mililitros

¼ de taza = 2 onzas líquidas = 60 mililitros

⅓ taza = 2⅔ onzas líquidas = 79 mililitros

½ taza = 4 onzas líquidas = 118 mililitros

1 taza o ½ pinta = 8 onzas líquidas = 250 mililitros

2 tazas o 1 pinta = 16 onzas líquidas = 500 mililitros

4 tazas o 1 cuarto de galón = 32 onzas líquidas = 1.000 mililitros

1 galón = 4 litros

Equivalentes de temperatura del horno, Fahrenheit (F) y Celsius (C)

100°F = 38°C

200°F = 95°C

250°F = 120°C

300°F = 150°C

350°F = 180°C

400°F = 205°C

450°F = 230°C

Mediciones de volumen (en seco)

¼ de cucharadita = 1 mililitro

½ cucharadita = 2 mililitros

¾ cucharadita = 4 mililitros 1 cucharadita = 5 mililitros

1 cucharada sopera = 15 mililitros

¼ de taza = 59 mililitros

⅓ taza = 79 mililitros

½ taza = 118 mililitros

⅔ taza = 158 mililitros

¾ de taza = 177 mililitros 1 taza = 225 mililitros

4 tazas o 1 cuarto de galón = 1 litro

½ galón = 2 litros 1 galón = 4 litros

Medidas lineales

½ pulgada = 1½ cm

1 pulgada = 2½ cm

15 cm.

8 pulgadas = 20 cm

10 pulgadas = 25 cm

12 pulgadas = 30 cm

20 pulgadas = 50 cm

FRESCOR VEGANO

CPSIA information can be obtained
at www.ICGtesting.com
Printed in the USA
BVHW061155090321
602011BV00013B/1324